№ 1.

Gutachten

über

den Antrag des Ober-Landes-Gerichtsraths Dr. Keller.

(Bd. 2 S. 6 ff. der Verhandlungen des Zweiten Deutschen Juristentages.)

A.

Gutachten des Justizraths, Obertribunals=Anwalts Dorn in Berlin.

Der vorliegende Antrag bezweckt Reformen der Voruntersuchung. Dieselbe soll auf das ihr nur gebührende Maß zurückgeführt, sie soll beschleunigt und in einer Weise geregelt werden, daß der Ankläger die Entschließung über Einstellung des Verfahrens oder Erhebung der Anklage in der Hand behält, anderer Seits aber auch dem Angeschuldigten die Möglichkeit sofortiger Vertheidigung gegeben wird.

Darüber, daß die Behandlung der Voruntersuchung die Aufmerksamkeit des Deutschen Juristentages verdient, wird ein Zweifel nicht obwalten. Gänzlich zu entbehren ist die Voruntersuchung nicht. In einfachen und unbedeutenderen Sachen mag eine direkte Ladung vor das erkennende Gericht ausführbar sein. In verwickelteren Fällen ist eine Vorbereitung und Sichtung der Beweismittel im Interesse der Anklage nothwendig, und selbst im Interesse des Beschuldigten ist ein vorbereitendes Verfahren wünschenswerth. Ein solches erscheint ohnehin allemal geboten, wenn zur Verhaftung des Beschuldigten geschritten werden muß.

Die Voruntersuchung ist aber nur Mittel zum Zweck. Die Frage über Schuld oder Nichtschuld soll wesentlich erst in der mündlichen Verhandlung ihre Erörterung finden. Mit vollem Recht wenden sich deshalb die Motive des Antrages dagegen, daß die Hauptverhandlung vor dem erkennenden Richter zu einer bloßen Schlußdecoration gemacht werde, welche die Mängel der schriftlichen Untersuchung zu decken bestimmt sei. Ein solches Resultat kann indessen überhaupt nur da eintreten, wo das Prinzip der Mündlichkeit des Verfahrens noch nicht zur Geltung gelangt ist. Ueberall, wo der Schwerpunkt des Verfahrens in die mündliche Verhandlung gelegt ist, wird die Voruntersuchung, nachdem sie ihre rein präparatorische Aufgabe gelöst hat, von selbst ihre fernere Bedeutung verlieren. Rücksichten auf die spätere mündliche Verhandlung würden also nicht gerade eine Einschränkung der Voruntersuchung gebieten; dagegen zeigt der Begriff der Voruntersuchung die richtigen Grenzen an: es soll nicht *mehr* geschrieben und nicht länger gezaudert werden, als nothwendig ist, um die erforderlichen Vorbereitungen zu treffen.

Niemand wird also dem Herrn Antragsteller entgegentreten, wenn derselbe Maß im Umfange der Voruntersuchung fordert. Die möglichste Schnelligkeit derselben empfiehlt sich von selbst, und der Grundsatz, daß dem Beschuldigten schon in der Voruntersuchung eine wirksame Möglichkeit der Vertheidigung zu gewähren sei, ist bereits vom zweiten Deutschen Juristentage adoptirt worden (§. 9 der Lewald'schen Anträge, Deutsche Gerichts-Zeitung von 1861 S. 260 und 270). Das Ziel also, welches der vorliegende Antrag erreichen will, halte ich für das rechte. Der Weg dagegen, welchen der Herr Antragsteller einzuschlagen gedenkt, scheint mir nicht der richtige zu sein. Der Grundsatz, welchen der Antrag zur Anerkennung bringen will, ist im §. 1 ausgedrückt:

> „Die Erforschung der Verbrechen, die Erhebung des Thatbestandes und aller die Beschuldigung oder die Vertheidigung begründenden Umstände ist Aufgabe des Staatsanwaltes."

Der erstbezeichnete Theil der Aufgabe wird dem Staatsanwalt nicht streitig gemacht werden; die Erforschung der Verbrechen liegt in seinen Functionen. Dagegen widerspricht es der Zweckmäßigkeit, und es läuft allen Rücksichten auf das Gefühl der persönlichen Sicherheit zuwider, die Erhebung des Thatbestandes und die Vornahme der weiter erforderlichen Vorbereitungsmaßregeln dem Untersuchungsrichter abzunehmen und diese Functionen in die Hände des Staatsanwaltes zu legen. Bei beiden Kategorien von Beamten wird redlicher Wille selbstverständlich vorausgesetzt. Aber der Staatsanwalt ist abhängig, während der Richter so unabhängig gestellt zu werden pflegt, wie dies überhaupt bei staatlichen Einrichtungen möglich bleibt. Die Auffassung des Ersteren wird durch das Streben nach dem Ziel, welches er zu erreichen hat, leicht getrübt werden, während bei dem Richter eine größere Unbefangenheit vorauszusetzen ist. Das Correctiv, welches der Herr Antragsteller in der sofort zu ermöglichenden Ziehung und Mitwirknng des Vertheidigers zu finden glaubt, ist ein unzulängliches, weil dem Vertheidiger nicht die Hülfsmittel zu Gebote stehen, welche der Staatsanwalt zur Hand hat. Entweder müßte man dem Vertheidiger die Gewalt einräumen, mit Hülfe deren der Staatsanwalt zu instruiren in den Stand gesetzt wird, oder man müßte den Staatsanwalt auf die Mittel beschränken, welche dem Vertheidiger nur zu Gebote stehen. Denn nur bei vollständiger Gleichheit der Hülfsmittel wäre eine Ausgleichung möglich. Keines jener beiden Auskunftsmittel erscheint jedoch praktisch durchführbar. Der Staatsanwalt würde also vermöge seiner Stellung immer ein Uebergewicht bei der Instruktion zum Nachtheile des Beschuldigten auszuüben im Stande sein. Jedenfalls würde der Beschuldigte an eine vollständige Unbefangenheit des Staatsanwaltes nicht glauben. Ueberdies erkennt der Herr Antragsteller durch seine Vorschläge im §. 2 an, daß die richterliche Thätigkeit in der Voruntersuchung nicht vollständig aufgegeben werden darf. Die Verhaftung des Beschuldigten, dessen Vernehmung, die Haussuchung oder die Durchsuchung von Briefen und anderen Schriften, der zum Beweis dienende Augenschein, die Vernehmung von Sachverständigen und von Zeugen, welche voraussichtlich zur Hauptverhandlung nicht erscheinen werden, soll nur von dem Richter auf Antrag des Staatsanwaltes bewilligt und vorgenommen werden. In Wirklichkeit verbleiben sonach der richterlichen Thätigkeit alle wesentlichen Functionen, und die selbstständige Thätigkeit des Staatsanwaltes wird auf so vereinzelte Handlungen reducirt, daß der Grundsatz des §. 1 geradezu verschwindet und die auf die Erhebung des Thatbestandes bezüglichen Functionen der Staatsanwaltschaft als ausnahmsweise Attributionen, nicht aber als eine Regel sich darstellen, welche an die Spitze zu stellen wäre. Kann der Untersuchungsrichter überhaupt nicht entbehrt werden, so ist es gewiß sachgemäßer, die Vornahme aller Handlungen, welche in der Voruntersuchung erforderlich werden, dem Untersuchungsrichter zu überlassen, wobei zum Schutze der persönlichen Freiheit noch die Modifikation festzuhalten sein wird, daß über die Verhaftung des Beschuldigten oder die In-Haft-Haltung desselben ein Collegium vorher zu beschließen oder nach Umständen hinterher binnen kurzer Frist die Genehmigung zu ertheilen hat.

Die ökonomische Behandlung der Voruntersuchung kann durch den Untersuchungsrichter gerade ebenso im Auge behalten werden, als durch den Staatsanwalt, und es ist nicht abzusehen, wie die Thätigkeit des Ersteren Verzögerungen herbeiführen sollte, da überall, wo ein Staatsanwalt seinen Sitz hat, auch ein Richter zur Stelle sein wird. Die Theilung der Functionen, welche der Herr Antragsteller in Bezug auf das Hauptverfahren für die richtige hält, wird gerade vollständig durchgeführt, wenn schon in der Voruntersuchung ein Richter vorhanden ist, welcher auf Antrag des Staatsanwaltes oder des Vertheidigers alle erforderlichen Erhebungen vornimmt und bei entstehender Meinungsverschiedenheit über die Erheblichkeit gewisser Vornahmen entweder selbst entscheidet, oder durch Zuziehung noch anderer Richter eine collegialische Beschlußnahme herbeiführt. Vortheile verspricht der Grundsatz, welchen der Herr Antragsteller zur Geltung bringen will, nach meiner Meinung nicht. Wohl aber würden ersichtliche Nachtheile herbeigeführt werden. Ich kann mich hiernach nur für die Verwerfung des vorliegenden Antrages aussprechen.

B.

Gutachten des Professors Dr. Geßler in Tübingen.

Bei Prüfung einer in Vorschlag gebrachten Einrichtung für das Strafverfahren ist zu erwägen, ob dieselbe den Anforderungen der Verwirklichung der Gerechtigkeit entspricht und ob die verschiedenen Personen zugewiesenen Functionen so vertheilt sind, daß die Erfüllung der dem ganzen Institute zu Grunde liegenden Aufgabe garantirt ist.

Als Zweck der Voruntersuchung kann mit dem Herrn Antragsteller die bloße Ermittelung der vorhandenen Beweismittel und der Wahrscheinlichkeit des Begründetseins eines Strafrechts des Staats, so wie die urkundliche Feststellung von Acten, welche einer Reproduction in dem Hauptverfahren nicht fähig sind, angenommen werden, so daß der Schwerpunkt des Strafverfahrens auf das Hauptverfahren zu verlegen ist.

Nach den Vorschlägen des Herrn Antragstellers soll die hiernach in der Voruntersuchung gelegene Aufgabe bei Verbrechen, worunter wohl nur die schwersten Straffälle begriffen werden, vollzogen werden:

1) durch den Staatsanwalt, welchem alle nicht speziell einem der beiden anderen Organe zukommenden Functionen obliegen. Ihm kommt insbesondere zu die Erforschung der Verbrechen, die Erhebung des Thatbestands (oder wohl angemessener der äußeren Erscheinungen eines Verbrechens), aller die Beschuldigung oder die Vertheidigung begründenden Umstände, Veranstaltung von Vernehmungen und Erhebungen, soweit sie nicht Ziffer 2 zugewiesen sind, oder Veranstaltung ihrer Vornahme durch die zuständigen Behörden, bzw. durch die ihm unterstehenden Sicherheitsbehörden, Antragstellung auf Verhaftung, bzw. Vornahme einer vorläufigen Haft bei Gefahr im Verzug, oder im Fall der Ergreifung bei Verübung des Verbrechens, Antragstellung auf Vernehmung des Beschuldigten, Hausdurchsuchung, auf Einnahme eines zum Beweis dienenden Augenscheins.

Die Aufgabe der Voruntersuchung ist ferner zu vollziehen:

2) durch den zuständigen Richter, welcher die Haft zu verfügen oder über die vorläufig durch den Staatsanwalt verfügte zu cognosciren, die Vernehmung des Beschuldigten, die Haussuchung oder Durchsuchung von Briefen und anderen Schriften, den zum Beweis dienenden Augenschein, die Vernehmung von Sachverständigen und von Zeugen, welche voraussichtlich zur Hauptverhandlung nicht erscheinen, vorzunehmen hat.

Hierbei ist die Wahrung der Rechte des Beschuldigten

3) ihm selbst, bzw. einem Vertheidiger überlassen, welcher von dem Beschuldigten bestellt werden kann, bzw. im Fall seiner Unvermöglichkeit ihm unentgeltlich zu gewähren ist. Der Beschuldigte und sein Vertheidiger sind den in Ziffer 2 bezeichneten Akten anzuwohnen berechtigt und können hierbei Anträge stellen.

Im Sinne des Herrn Antragstellers, wenn auch nicht ausgesprochen, wird gelegen sein, daß der Vertheidiger das Recht hat, gleichfalls Vernehmungen von Zeugen, Sachverständigen, Einnahme von Augenschein zu beantragen, und wird ihm wohl, falls ihm auf sein Ansinnen an bestimmte Personen Auskunft verweigert wird, nicht blos das Angehen des Staatsanwalts, sondern stets (ohne die im §. 2 Abs. 1 ausgedrückten Beschränkungen) das Angehen des Gerichts zu gestatten sein. Auch wird ihm volle Acteneinsicht der auch blos von dem Staatsanwalt erfolgten Erhebungen zukommen.

Eine Vergleichung des Inhalts dieses Vorschlags mit dem geltenden Rechte von Ländern, in welchen öffentlich-mündliches Strafverfahren stattfindet, kann wohl umsomehr unterbleiben, als eine solche im Wesentlichen von

Sundelin in der dem gleichen Gegenstand mit ähnlichen Vorschlägen gewidmeten Abhandlung*), Deutsche Strafrechts-Zeitung 1861 Nr. 4 ff.

gegeben ist.

Ein Ueberblick über die verschiedenen, hierbei möglichen Behandlungen wird genügen. Als Hauptgattungen von solchen können drei bezeichnet werden:

1) Das Uebergewicht der Thätigkeit in dem Vorverfahren ist auf der Seite des Untersuchungsrichters, sofern die Staatsanwaltschaft regelmäßig überhaupt erst nach beendigter Voruntersuchung eintritt, oder auf die Initiative, oder auf diese und die Stellung von An-

---

*) Aehnliche Vorschläge finden sich bei Geib (Reform des Rechtslebens Seite 108 ff.) und bei W. Brauer (Gerichtssaal Jahrg. 1849 II. S. 321—366), Sundelin (die Staatsanwaltschaft S. 101 ff., Anhang S. 141).

trägen beschränkt ist, ohne daß die selbstständige Erforschung von Verdachtsgründen als ihre besondere oder doch ausschließliche Pflicht erscheint.

2) Das Uebergewicht der Thätigkeit in dem Vorverfahren ist auf Seite der Staatsanwaltschaft, indem dem Untersuchungsrichter nur Functionen zukommen, wie sie in dem Vorschlag des Herrn Ober-Staatsanwalts Keller bezeichnet sind.

3) Untersuchungsrichter und Staatsanwaltschaft sind in gleicher Weise mit den den Staatsorganen zukommenden Functionen betraut, wobei dem Untersuchungsrichter eine mehr oder weniger abhängige Stellung von den Anträgen der Staatsanwaltschaft eingeräumt ist.

Bei einer Ordnung des Verhältnisses, wie zu Ziffer 2 bestimmt, sind anscheinende Vorzüge:

1) die Sammlung des die Hauptverhandlung vorbereitenden Stoffes durch bei der späteren Hauptverhandlung selbst thätige Personen;
2) die im Wesentlichen einheitliche Leitung des ganzen Ganges der Voruntersuchung;
3) eine Regelung des Verhältnisses von Staatsanwaltschaft und Gericht, welche den beiderseitigen Wirkungskreis klar begrenzt;
4) die durch die Organisation der Thätigkeit der verschiedenen Functionäre garantirte Beschränkung der Voruntersuchung auf ihren Zweck und Vollziehung der Aufgabe der Vorbereitung in angemessener Weise.

Doch wird sich bei diesen Vorzügen stets noch die Frage erheben, ob hiermit eine Erfüllung der Aufgabe der Voruntersuchung in einer der Gerechtigkeit entsprechenden Weise vollkommen garantirt ist, ob insbesondere in der Richtung, daß das für Beschuldigung, wie Vertheidigung zustehende Beweismaterial vollständig ermittelt ist.

Daß für den Staatsanwalt nach §. 1 die Erhebung aller die Vertheidigung begründenden Umstände als Aufgabe erscheint, genügt offenbar nicht, sofern selbst bei einer gegenüber von der Staatsregierung ganz gesicherten Stellung des Staatsanwalts die Möglichkeit einer einseitigen Erfüllung der Aufgabe in der menschlichen Natur gelegen ist. Die Beigebung eines Vertheidigers ist deshalb nicht genügender Ersatz, weil der Vertheidiger nicht mit dem nöthigen Apparate ausgestattet ist, um in der Sammlung des Beweismaterials eine hinreichende Thätigkeit entwickeln zu können. Zwar hält Brauer l. c. S. 332 die Stellung des Beschuldigten für günstiger, sofern es sich hierbei um einen ihm vollkommen bekannten Boden handle. Allein, ganz abgesehen von den Fällen, in welchen der Beschuldigte selbst in einem nahezu bewußtlosen Zustande die ihm zur Last gelegte That verübte und sofort eingetretene Haft ihm jeden Verkehr mit der Außenwelt ohne Vermittlung des Vertheidigers abschneidet, wird jeder Untersuchungsrichter aus Erfahrung bestätigen, daß vielfach erst die vollständige genaue Erhebung der Beweismittel, auf weitere erhebliche Thatsachen und Beweismittel hierfür führt. Dies findet seine Anwendung insbesondere auch auf die Größe der Schuld, ob und in wie weit namentlich auch hinsichtlich des eingetretenen Erfolges vollkommene Absicht vorgelegen ist.

Eine Erhebung der Beweismittel in der bezeichneten Weise ist bei bloßer Thätigkeit des Staatsanwalts nicht garantirt, die stetige Zuziehung des Vertheidigers zu den Vernehmungen in dem Vorschlage nicht enthalten und auch zu schleppend. Tritt diese Erhebung sodann erst im Hauptverfahren ein, so können hierdurch Vertagungen herbeigeführt werden, oder es leidet dieses, weil man zu Vertagungen nur ungern schreitet, an Unvollständigkeit.

Diese Mängel sind beseitigt bei Besorgung der Voruntersuchung durch ein Organ der Staatsgewalt, welches vermöge seiner Stellung größere Garantie dafür bietet, daß es die ihm zukommenden Functionen nicht in einseitiger Weise zur Ausübung bringt. Ist dieses Organ unabhängig gegenüber der Staatsanwaltschaft, so ist es nicht, wie von Einzelnen befürchtet worden, eine Verstärkung der Verfolgung, sondern ein Mittel für die Herstellung des Gleichgewichts zwischen Verfolgung und Vertheidigung.

Der zweite Vorzug erleidet eine Abschwächung, sofern die einheitliche Leitung des Ganzen dadurch unterbrochen wird, daß der in der Voruntersuchung doch stets erhebliche Akt der Vernehmung des Beschuldigten nicht demselben Organe, sondern dem Gerichte überlassen ist. Allerdings kann der Umfang dieser Vernehmung verschieden bestimmt werden, allein auch selbst bei Annahme des geringsten Umfangs, bei Beschränkung einer Vernehmung des Beschuldigten auf bestimmt bezeichnete Punkte, tritt der Nachtheil eines schleppenden Geschäftsgangs ein. Auch wird wohl das Maß dieser Vernehmung richtig dahin bestimmt, daß jedes Eindringen in die Subjectivität des Beschuldigten und hiermit jede directe oder indirecte Maßregel zur Herbeiführung eines Geständnisses vermieden, dagegen dem Beschuldigten volle Gelegenheit zur Kenntnißnahme der gegen ihn vorliegenden Verdachtsgründe und zur Erklärung hierüber gegeben wird.

Der dritte Vorzug ist, zumal bei dem Inhalte des Französischen Rechts, wonach das Verhältniß des Untersuchungsrichters zwischen coordinirter und subordinirter Stellung gegenüber dem Staatsanwalte schwankt, von Bedeutung. Einer unzweckmäßigen Ordnung dieses Verhältnisses ist selbst die ausschließliche Besorgung der Voruntersuchung durch den Untersuchungsrichter vorzuziehen. Die Nachtheile, welche gegen den Inquirenten des gemeinrechtlichen Prozesses geltend gemacht wurden, sind durch das nachfolgende Hauptverfahren sehr gemildert, sofern gerade dieses die wirksamste Kontrole für seine Thätigkeit bildet. Diese Kontrole ist ihm gegenüber wirksamer, als gegenüber dem Staatsanwalte, weil die Function des Ersteren mit Beendigung der Voruntersuchung aufhört, die des Letzteren aber fortdauert und hier, zumal bei Geschwornen, in einseitiger Weise sich stets noch Geltung zu verschaffen vermag. Von entscheidendem Gewichte ist aber, wenn man eine Thätigkeit der Staatsanwaltschaft auch während der Dauer der Voruntersuchung eintreten lassen will, dieser Vorzug doch nur dann, wenn sich außer dieser vorgeschlagenen Regelung des gegenseitigen Verhältnisses eine angemessene Festsetzung desselben nicht durchführen lassen würde.

Eine solche wird aber auch dann möglich sein, wenn das Hauptgewicht der Function des Untersuchungsrichters beigelegt wird. Eine solche Stellung desselben ist z. B. in Plank „Systematische Darstellung des Strafverfahrens Seite 219“ nach dem Grundsatze bestimmt: „Das Untersuchungsgericht handelt selbstständig zur Erforschung des im Antrag bezeichneten Straffalls; der Staatsanwalt kann nur unterstützend zur Erreichung des Zweckes mitwirken“ *).

Der vierte Vorzug ist sicher gleichfalls ein bedeutender, allein, wenn sein Eintritt bei einer selbstständigen Thätigkeit des Untersuchungsrichters nicht in gleichem Maße garantirt ist, so ist er doch auch hier möglich: die allzugroße Ausdehnung ist, zumal bei den hier in Betracht kommenden schwersten Straffällen ein geringerer Nachtheil, als die zugroße Beschränkung, die möglichst vollständige Erforschung der für die Beschuldigung dienenden Beweismittel übrigens durch die gleichzeitige Thätigkeit der Staatsanwaltschaft ermöglicht. Die Thätigkeit des Untersuchungsrichters kann auch vielfach vereinfacht werden, sofern inbesondere bei Vernehmungen von Auskunftspersonen, deren Stellung im Hauptverfahren gleichfalls möglich ist, eine Protokollirung des wesentlichen Inhalts der Aeußerungen ohne Aufzeichnung der Fragen gestattet wird.

---

*) Für besondere Fälle je nach der Natur des Beweises und der Nothwendigkeit, ihn im Voraus festzustellen, hat auch Sundelin (Staatsanwaltschaft, Seite 105 — 107) die gerichtliche Voruntersuchung anerkannt und hierbei gleichfalls das Verhältniß von Richter und Staatsanwalt dahin bestimmt, daß sie „dem Richter ganz zu übertragen, dem Staatsanwalte zwingende Einmischung zu versagen, aber daneben Thätigkeit zu seinem Zwecke zu gestatten sei.“ — Auch Haager in seinem Aufsatze über die Initiative der strafgerichtlichen Verfolgung (Strafrechtspflege in Deutschland IV. S. 510 ff., insbesondere S. 519) spricht sich für ein allgemeines coordinirtes Verhältniß von Staatsanwalt und Untersuchungsrichter aus und scheint der Thätigkeit des Letzteren einen bedeutenderen Umfang einzuräumen.

Aus den bisherigen Erwägungen ergiebt sich als Resultat: Ein Verfahren, wie das vorgeschlagene, hat seine entschiedenen Vorzüge, gewährt aber nicht genügende Garantien einer stets gerechten Vollziehung der in der Voruntersuchung gelegenen Aufgabe. Die Entscheidung des Einzelnen für die Annahme der einen oder andern Behandlung wird dadurch bestimmt werden, ob ihm an einer regelmäßig tüchtigen Besorgung der Voruntersuchung, bei welcher jedoch auch ein einseitiges Vorgehen möglich ist, mehr gelegen ist, als an einer Vornahme derselben in einer Weise, welche gegen solche Einseitigkeiten größere Sicherheit darbietet, übrigens sonst der Garantie einer regelmäßig durchaus zweckmäßigen Besorgung entbehrt.

Die Entscheidung für das Eine oder Andere ist eben deshalb schließlich nicht blos der reinen verständigen Erwägung anheimgegeben, sondern einer Hinneigung mehr für Erhaltung und Bewahrung von gerechter Behandlung auch des Einzelnen oder mehr zur durchschnittlichen Gewährung von Gerechtigkeit im Ganzen.

Von Einfluß auf die Entscheidung für das Eine oder Andere wird sodann noch sein, ob der Advokatenstand intellectuell und moralisch genügende Garantien für tüchtige Erfüllung seines Berufes darbietet und ob das Hauptverfahren vor Geschworenen oder rechtsgelehrten Richtern stattfindet, indem auch bei Anerkennung der Nothwendigkeit des ersteren Instituts, zumal bei mangelhafter Organisation desselben, die Dringlichkeit der Beseitigung der Möglichkeit einer einseitigen Führung der Voruntersuchung noch in höherem Maße vorliegt.

Referent theilt das Verlangen der größtmöglichen Wahrung der Gerechtigkeit auch im Einzelnen, und vermag sich deshalb für den Vorschlag nicht auszusprechen.

Ueber weitere, in neuester Zeit durch Mittermaier in dem noch nicht vollständig beendigten Aufsatze desselben (Gerichtssaal 1862 S. 36 ff.) angeregte Fragen, hinsichtlich der Einrichtung der Voruntersuchung, insbesondere das Prinzip der Mündlichkeit und Oeffentlichkeit des Vorverfahrens sich auszusprechen, hält Referent außerhalb der Aufgabe gelegen; nur die Bemerkung möge gestattet sein, daß bei Uebertragung von Institutionen eines Staats auf einen andern die sehr verschiedenen Verhältnisse beider in Betracht zu ziehen sind. Dies trifft hier wohl namentlich insofern zu, als in England die Thätigkeit der Polizei von beschränkterem Umfang, eben deshalb auf Entdeckung von Verbrechen zweckmäßiger eingerichtet ist, und bei der eingewurzelten freieren politischen Anschauung der Gemeinsinn nnd die Verpflichtung auch des Einzelnen, jede ihm mögliche Thätigkeit in tactvoller Weise zur gerechten Bestrafung von Verbrechen eintreten zu lassen, festeren Boden gewonnen haben. In einem anderen Staate können sich aber beide allmählig namentlich an der Hand von Institutionen, welche das richtige Gefühl zwischen unberufener Einmischung und begründeter Unterstützung der Staatsgewalt zu erwecken und zu entwickeln geeignet sind, erst zu bilden haben.

C.

Gutachten des Staatsanwalts Heinze in Dresden.

Der Herr Präsident der ständigen Deputation des Juristentages hat mich mit Erstattung eines gutachtlichen Berichtes über den auf Verbesserung der Voruntersuchung im Strafprozeß gerichteten Antrag des Herrn Ober-Staatsanwalts Dr. Keller beauftragt. Indem ich mich dieser ehrenvollen Aufgabe unterziehe, muß ich entschuldigend voraussenden, daß das knappe Maß der mir verfügbar gelassenen Zeit eine erschöpfende Bearbeitung des reichen Stoffes verbot, vielmehr die Beschränkung auf bloße Andeutung der leitenden Gesichtspunkte mit sich brachte, und eine Zusammenstellung des hierher gehörigen Inhalts der Territorialgesetzgebungen *) vereitelt hat. Dies übrigens ein Mangel, der zum Vorzug werden würde, wenn die Hoffnung begründet ist, daß mindestens eines der beiden andern Gutachten die Lücke bereits ausgefüllt haben werde.

Der Keller'sche Antrag ist in den Verhandlungen des zweiten Deutschen Juristentags Bd. 2 S. 6 ff. abgedruckt. Nr. 57 der Deutschen Gerichtszeitung 1861 enthält daneben auch die beigefügten Motive.

Als Uebelstände, denen begegnet werden soll, werden bezeichnet:

> die Einrichtung, daß die Erforschung der Verbrechen und außerdem wahre Untersuchungshandlungen dem unüberwachten Ermessen der Sicherheitsbehörde — Polizei — überlassen seien;
>
> die Schwerfälligkeit und Schreibseligkeit der gerichtlichen Voruntersuchung, welche vielfach nur als umständliche Wiederholung der bereits von der Polizei gepflogenen Erhebungen sich darstelle;

---

*) Zur Orientirung dienen die Abhandlungen Sundelin's A. D. Strafrechts-Zeitung 1861 S. 49 ff., 65 ff., 81 ff. u. S. 680 ff., 693 ff. S. auch Sundelin Staatsanwalt §. 14—17 u. S. 139 ff.

die untergeordnete, den Forderungen der Wissenschaft und Humanität nach Oeffentlichkeit, Mündlichkeit, Anklageverfahren nicht genügende Rolle einer summarischen Rekapitulation und blendenden Schlußdekoration, welche der mündlichen Hauptverhandlung durch diese Eigenschaften der schriftlichen Voruntersuchung zugetheilt werde;

das geflissentliche Fernhalten des Staatsanwalts von unmittelbarer Anschauung des Voruntersuchungsmaterials; inkonsequent, sofern die Polizeibeamten bei ihren gleichartigen Erhebungen keiner Kontrole unterständen, und der Untersuchungsrichter Ankläger, Vertheidiger und Richter in Einer Person sei; nachtheilig, weil der Staatsanwalt verhindert werde, von Grund oder Ungrund der Anklage eine selbstständige Ansicht zu gewinnen, daher leicht in die Lage komme, die Fortstellung ungerechtfertigter Untersuchungen zu veranlassen.

Also das Problem: die Erforschung der Verbrechen und die ersten Untersuchungsschritte zu regeln, die Funktionen der Anklage, der Vertheidigung und des Richters zutreffend und rechtzeitig zu trennen, durch Vereinfachung und Abkürzung des Verfahrens die Wirksamkeit der Strafgesetze zu verstärken.

Die vorgeschlagene Lösung besteht darin, daß der Ankläger die Beweismittel für seine Anklage, der Vertheidiger die für die Vertheidigung zu sammeln hat, und beide die Ergebnisse ihrer Erhebungen dem Anklagerichter*) zur Entscheidung vorlegen — Motive Abs. 4 — oder wie es, scheinbar etwas abweichend, in §. 1 der Grundsätze heißt: daß die Erforschung der Verbrechen, die Erhebung des Thatbestandes und aller die Beschuldigung oder die Vertheidigung begründenden Umstände Aufgabe des Staatsanwalts wird.

Dieser Fundamentalsatz hat eine organisatorische Voraussetzung: daß die Polizeibehörden im Untersuchungsverfahren dem Staatsanwalt untergeben sind, und erleidet eine wichtige Beschränkung, daß einzelne Untersuchungshandlungen nur von dem zuständigen Richter auf Antrag des Staatsanwalts bewilligt und vorgenommen werden können; theils solche, welche Herstellung der für die Hauptverhandlung nöthigen Beweismittel in rechtsbeständiger Form bezwecken — Augenschein; Sachverständige; Zeugen, die in der Hauptverhandlung nicht erscheinen werden — theils solche, welche die persönliche Freiheit des Beschuldigten beeinträchtigen — Haftanlegung; Haussuchung; Durchsuchung von Briefen und anderen Schriften; Verhör des Angeschul-

*) Die damit in Verbindung gebrachte Vorlage an den „Erkenntnißrichter" greift in ein späteres Prozeßstadium über.

digten. Eine Ausnahme von der Nothwendigkeit dieser richterlichen Cognition findet hinsichtlich der Verhaftung dann statt, wenn Gefahr im Verzug ist oder Jemand bei Verübung eines Verbrechens ergriffen wird. Die richterliche Entschließung muß hier binnen einer bestimmten kurzen Frist nachgeholt werden.

Dem Vertheidiger, der bestellt oder verlangt werden kann, sobald der Beschuldigte als solcher vernommen, verfolgt oder verhaftet wird, dem Angeschuldigten und dem Staatsanwalt ist die Gegenwart und das Recht, Anträge zu stellen, bei der Haus- und Durchsuchung von Schriften, sowie bei diesen — welchen? — gerichtlichen Vornehmungen zu gestatten.

Den Schluß des Vorverfahrens bildet der dem zuständigen Gericht vorzulegende Antrag des Staatsanwalts auf Schöpfung eines Anklagebeschlusses oder auf Ablassung von der weiteren Untersuchung. Der in §. 6 in gleiche Linie gestellte Antrag auf Haftentlassung wird regelmäßig nur eine Zwischenverfügung bezwecken. Auf Begehren des Beschuldigten kann auch ohne Anklagebeschluß die Hauptverhandlung angeordnet werden.

Endlich enthalten §§. 3, 4, 7 Normen über die Dauer der polizeilichen, die Voraussetzungen sowie die Abwendung der gerichtlichen Haft und über die Stellung des Privatanklägers.*)

Bei Annahme dieser Vorschläge, so erwartet der Herr Antragsteller, werden die einzelnen Funktionäre des Strafverfahrens einander von den ersten Schritten einer Untersuchung an kontroliren und dafür sorgen, daß Alles so schnell und vollkommen geschehe, wie möglich. Der Ankläger wird bald von Grund oder Ungrund des erhobenen Verdachts sich überzeugen, der Beschuldigte rechtzeitig und wirksam sich vertheidigen können. Es werden dann nicht die jetzt häufigen Fälle vorkommen, daß nach langer Untersuchung und Haft die Freisprechung des Angeschuldigten oder die Einstellung des Verfahrens erfolgt.

Offenbar bildet den Kern des Ganzen eine Erweiterung der Befugnisse der Staatsanwaltschaft in zwei Hauptrichtungen: die Polizei soll bei jeder Thätigkeit für die Zwecke des Strafverfahrens die Untergebene der Staatsanwaltschaft und der Staatsanwalt der eigentliche Untersuchungsrichter sein.

Die Beurtheilung dessen, was an dieser Regelung des Verhältnisses streitig sein kann, wird erleichtert, wenn man das vorwegnimmt, was meines Dafürhaltens unbestreitbar feststeht. Die organische Trennung des Richteramtes von der Verfolgung und Anklage führt mit Nothwendigkeit dazu, schon den Beginn jedes gerichtlichen Strafverfahrens von dem Antrag eines An-

*) Zu §. 2 Absatz 2 und §. 7 sind die Beschlüsse des Zweiten Juristentages auf die Lewaldschen Anträge §§. 1, 4, 9 zu vergleichen.

klägers, d. i. in der Regel der Staatsanwaltschaft abhängig zu machen. Will man dem Gericht in allen Theilen des Verfahrens den höchstmöglichen Grad von Unparteilichkeit und Unbefangenheit sichern, so darf ihm nirgends die gleichzeitige Wirksamkeit des Anklägers zugetheilt werden. Zugleich wird eine erfolgreiche Vertheidigung durch das Auftreten eines Gegners mit scharf begrenzten Anträgen mächtig gefördert. Es kann ferner nicht ausbleiben, daß dem Staatsanwalt häufig Vorlagen unterbreitet werden, zu eingehend, um unbeachtet zu bleiben, zu roh, um ein gerichtliches Einschreiten zu rechtfertigen. Hier muß dem Staatsanwalt die Möglichkeit geboten sein, die erforderliche Ergänzung zu veranlassen. Will man ihm nicht die Hände ungebührlich binden und seine Thätigkeit zweckwidrig lähmen, so müssen ihm auch zur Bewerkstelligung dieser Vorbereitungshandlungen Organe gewährt werden, welche seinen Absichten unweigerlich und präcis entsprechen. Also nicht Anträge, auf welche materielle Entschließung zu fassen wäre, sondern Requisitionen an die Behörden, deren Hilfe der Staatsanwalt bedarf. Bei den Eigenthümlichkeiten der polizeilichen Nachforschungen, der häufigen Nothwendigkeit ihrer Beschleunigung, der Aufhältlichkeit eines vorgängigen Einvernehmens mit den Polizeibehörden wird es der Sache ebenso nützlich, als in dienstlicher Beziehung unschädlich sein, wenn dem Staatsanwalt freigestellt wird, die lokalen Polizeiorgane um die erforderlichen Hilfsleistungen unmittelbar anzugehen. Endlich wäre es ohne Zweifel eine gänzlich haltlose Inkonsequenz, dem Staatsanwalt die Vornahme von Erörterungen zu verbieten, die man den Polizeibehörden nimmermehr wird entziehen können. Dieses direkte Einschreiten wird nicht selten die Zwecke der Strafrechtspflege fördern, indem es zu rascherem und darum erfolgreicherem Vorgehen führt, die Absichten des Staatsanwalts am treuesten verwirklicht, ihm bei jeder neuen Wendung sofort die entsprechende Aenderung des Plans und Verwerthung ermöglicht. Unstreitig ist auch ein persönlicher Verkehr des Staatsanwalts mit Zeugen und Angeschuldigten vorzugsweise geschickt, zuverlässige Unterlagen zu einem Vor-Urtheil über den wahrscheinlichen Ausgang der künftigen Hauptverhandlung zu gewinnen. Die Gefahr aber der Anfechtung staatsanwaltschaftlicher Erörterungen und Niederschriften ist nicht hoch anzuschlagen. Unhaltbare Vorwürfe dieser Art werden in der Hauptverhandlung, wo eine mißliche Situation noch am leichtesten die Folge sein könnte, dem anwesenden Staatsanwalt zögernder gemacht werden, als dem abwesenden Untersuchungsrichter oder Polizeimann. Gegründete wird man als noch größere Seltenheit bezeichnen können, ohne in den Verdacht eines Redners pro domo zu gerathen. Diese Gefahr persönlicher Bloßstellung aber würde für die, bei denen es derartiger Motive bedürfen sollte, einen neuen und triftigen Beweggrund abgeben, deren Möglichkeit nach Kräften zu meiden.

Ueber die Gattungsgrenze zwischen gerichtlichen und gerichtspolizeilichen Handlungen läßt sich streiten. Von dem Grundsatze ausgehend, daß jeder stärkere Eingriff in die Rechtssphäre des Angeschuldigten vermieden werden muß, so lange genügende Aussicht vorhanden ist, durch Anwendung eines milderen Mittels den Zweck zu erreichen, würde ich auch die Befragung *) des Beschuldigten dem Staatsanwalt und der Polizei freistellen. Sie liegt oft genug in des Ersteren eigenem Interesse und ist überdies, gleich der Haussuchung, häufig eine Maßregel von unaufschieblicher Dringlichkeit, wenn die Auffindung und Verfolgung der erforderlichen Beweismittel, der Verbindungen u. s. w. gelingen soll.

Sieht man vorläufig von einem näheren Eingehen auf diese Einzelheiten ab, so bleiben zur Bezeichnung des zweifelhaften Gebietes die beiden Fragen übrig:

Soll alle polizeiliche Thätigkeit im unmittelbaren Interesse des Strafverfahrens durch Untergebene des Staatsanwalts oder diesen selbst ausgeübt werden?

Sind die von dem Staatsanwalt zu veranstaltenden Erörterungen einer gerichtlichen Voruntersuchung überall vorzuziehen?

I. Begriff und Aussonderung der gerichtlichen Polizei von der übrigen Polizeiverwaltung ist bekanntlich Französischen Ursprungs. Faßt man den Gesammtcomplex in's Auge, so lassen sich innerhalb der gerichtlichen Polizei zwei Hauptrichtungen unterscheiden. Eine extensive, das Unbekannte äußerlich aufsuchende, große Mengen von Material ergreifende und durcharbeitende, deren Aufgabe in dem Erfassen, Festhalten und Nachweisen aller erheblichen Einzelstücke besteht, etwa die englische detective police. Und eine intensive, den aufgefundenen Stoff ausbeutende, aus dem Innern der gegebenen Beweisstücke heraus die Wahrheit ergründende, ein Analogon der Thätigkeit des Untersuchungsrichters.

Die formelle Führerschaft bei jener ausführlichen, rein polizeilichen Thätigkeit schlechthin in die Hand des Staatsanwalts zu legen, scheint mir weder nothwendig noch rathsam **).

Darüber, daß es im Allgemeinen unthunlich ist, zu Ausübung dieser polizeilichen Thätigkeit besondere, mit anderen Funktionen nicht bekleidete Vollzugsbeamte aufzustellen, dürfte allseitiges Einverständniß herrschen. Fast überall wird in der Hauptsache das bei Wohlfahrts- und Sicherheitspolizei beschäftigte Personal mit verwendet werden müssen. Auch die innere Ver-

---

*) Der Antrag scheint zwischen Befragung und Verhör nicht zu unterscheiden.

**) Anders bei der hier fern liegenden Frage, welcher Oberbehörde die Aufsichtsführung zu übertragen sei.

wandtschaft zwischen diesen verschiedenen Zweigen der polizeilichen Thätigkeit, die Unterstützung des einen durch die eigene Handhabung des anderen, läßt sich schwerlich in Abrede stellen. Jene Verbindung ist daher nicht ein nothwendiges Uebel, sondern ein wirklicher Vortheil. Die erfolgreiche Thätigkeit der detective police ist wesentlich bedingt durch gründliche und umfassende Kenntniß der lokalen und persönlichen Verhältnisse, durch schnelles und umsichtiges Einschreiten, bei besonderer Umfänglichkeit des Materials oder Ausbreitung der erforderlichen Nachforschungen zugleich durch einheitliche Leitung und geschickte Verwendung des verfügbaren Personals. Ich glaube nicht, daß eine Organisation, welche den Staatsanwalt zum wirklichen Vorgesetzten der Exekutivbeamten macht, in einer dieser Richtungen von spezifischem Nutzen sein würde. Wenn irgend wo, so bedarf es gerade hier und auch bei den untersten Werkzeugen der Fähigkeit selbstständiger und selbstgedachter Entschlüsse. Die Instruktionen geben hauptsächlich an die Hand, was der Polizeibeamte lassen und wie er die einzelne Maßregel ausführen soll; um zu erkennen, was zu thun ist, muß dieser selbst ein richtiges und rasches Verständniß der Sachlage sich zu eigen machen. Selbst soweit die Umstände das Einholen oder Erlassen spezieller Anordnungen gestatten oder gebieten, wird beim ersten Angriff der Staatsanwalt in der Regel weniger in der Lage sein, in das Materielle eingehende, alles Erhebliche beachtende, alles Gleichgültige beseitigende Weisungen im Voraus zu ertheilen, als die inmitten des gesammten Materials stehende, hier recht eigentlich auf dem ureigenen Thätigkeitsfelde sich bewegende Polizeibehörde. Die formellen und vermöge dieser Eigenschaft allgemein gültigen Normen aber können und müssen jedenfalls unabhängig von den Anordnungen des Staatsanwalts aufgestellt und eingeschärft sein. Sogar ein wohlberechnetes Zusammenwirken der über einen größeren Bezirk ausgebreiteten Polizeimannschaft wird durch zweckmäßige Einrichtung, Verbindung und Besetzung der Polizeibehörden sicherer zu erreichen sein, als durch Uebertragung der äußeren Leitung an den Staatsanwalt.

Im Ganzen betrachtet, bleibt entweder die Direktion der Entdeckungspolizei, verglichen mit den übrigen Amtsgeschäften des Staatsanwalts, reine Nebensache, d. h. eine zwecklose und deshalb schädliche Form, unter der die Thätigkeit der niederen Organe thatsächlich den natürlichen Gravitationspunkten zuneigt, oder der Staatsanwalt wird selbst Polizeimann, ein Rollentausch, bei dem er an Unbefangenheit des Urtheils und Unparteilichkeit der Stellung nothwendig Einbuße erleidet. Man darf wohl hoffen, daß jener Ausgang der regelmäßige bleiben würde. Dann wird die Erwägung maßgebend, daß es allerwärts besser gethan ist, ein Geschäft dem zu überlassen, der diesen Zweig menschlicher Thätigkeit zu seiner Lebensaufgabe gemacht hat, als einem anderen zu übertragen, der darin nur ein ungleichartiges Anhängsel seines eigentlichen Berufes erblicken müßte. Lasse man der Polizei das Entdecken und Aufsuchen, dem Staatsanwalt die Sichtung und Bearbeitung des Stoffs, und übersehe man nicht, daß die Wahrung der vollen Unparteilichkeit dem Staatsanwalt desto schwerer wird, je mehr die Herbeischaffung des Stoffs sein eigenes Werk gewesen ist.

Dies vom Standpunkt des Vorgesetzten aus. Auch die Lage der Untergebenen verliert an Bestimmtheit und Klarheit, wenn für zwei Gebiete von solch innerer Zusammengehörigkeit zweierlei Behörden übergeordnet sind. Anstatt einer einheitlichen, scharf umgrenzten Thätigkeit und Haftung wird dem Vollzugsbeamten eine Doppelstellung zugewiesen, welche die Ueberwachung erschwert, das Bewußtsein der Verantwortlichkeit abschwächt, Irrungen und Täuschungen erleichtert.

Wenn man für die vorgeschlagene Organisation die Streitigkeiten und Mißverständnisse geltend macht, welche durch die Coordination von Polizei und Staatsanwaltschaft hervorgerufen würden, so kommt dagegen in Betracht, daß durch sachgemäße Begrenzung des beiderseitigen Wirkungskreises diese Reibungen und Anstöße zum größten Theil aus dem Wege zu räumen sein werden, und daß jede Vorschrift, die mehr an das innere Wesen als an die äußere Erscheinungsform der Dinge sich hält, ein Grenzgebiet offen läßt, dessen glückliche Bebauung Verträglichkeit und guten Willen, der gemeinsamen Sache zu dienen, bei den Nachbarn voraussetzt.

Der Kritik, von welcher ich den mir gewordenen Auftrag verstehe, liegt die Aufstellung eigener positiver Vorschläge fern. Doch kann sie durch kurze Berührung der entscheidenden Punkte an Verständlichkeit und Wirkung nur gewinnen. Das Normalverhältniß ist m. E. leicht bloßzulegen, wenn man von dem Fall ausgeht, daß der Verletzte dem Staatsanwalt gleichzeitig mit dem Verbrechen alle für objektiven und subjektiven Thatbestand auffindbaren Beweismittel anzeigt. Hier bleibt für die vorläufige Thätigkeit der detecting police kein Stoff vorhanden. Eben dieser Stoff ist es, den sie schaffen soll, wenn er nicht anderweit bereits geboten wird. Begrifflich gefaßt, ist die Aufgabe also das äußerliche Aufsuchen und Aussondern aller für Kenntniß, Beurtheilung und Verfolgung des begangenen oder vermutheten Verbrechens einflußreichen Thatsachen. Die Ausbeutung und Verwerthung dieses Materials unter den vom Strafgesetz diktirten leitenden Gesichtspunkten muß Sache der Justiz bleiben. Diese wird indeß im Laufe des Verfahrens überall dann wiederum in die Lage versetzt, die Hilfe der Polizei in Anspruch zu nehmen oder selbst eine polizeiliche Thätigkeit zu entwickeln, wenn Thatsachen zum Vorschein kommen, zu deren Ermittelung die durch die Untersuchung gegebenen Beweismittel nicht ausreichen. Die zweite Hauptrichtung der echten Polizei gilt den Maßregeln zu ungetrübter Aufrechterhaltung des **status** quo bis zum Einschreiten der Justizbehörde. Die sachliche Ausdehnung jener aufspürenden und dieser vorbereitenden Wirksamkeit wird gegeben durch die Aufgabe, der Justizbehörde in einer gewissen Vollständigkeit diejenigen Ermittelungen vorzulegen, zu deren Bewerkstelligung diese selbst minder geeignet ist, durch die Nothwendigkeit, daß die Polizei sich selbst einstweilen der Richtigkeit der verfolgten Fährte vergewissert, die verfügbaren Beweismittel zu Entdeckung und Bemächtigung anderer, sonst verloren gehender Beweismittel benutzt. Um das Uebergreifen der Polizei in die Competenz der Justiz zu hindern oder unschädlich zu machen, ist die Vorschrift sachgemäß, daß ausnahmslos und mit möglichster Beschleunigung alle polizeilichen Erörterungen über Verbrechen und deren Thäter dem Staatsanwalt vorgelegt werden müssen. Der gerade Weg zum Staatsanwalt, der dem Verletzten und jedem Dritten offen steht, und die Befugniß des Staatsanwalts, überall die Fäden sofort selbst in die Hand zu nehmen, werden das ihre beitragen, die Besorgniß vor negativer Polizeiwillkür zu beschwichtigen. Aber das Eine möge nicht übersehen werden, daß mit und ohne Staatsanwalt die Polizei nur dann leisten kann, was sie soll, wenn sie in sich selbst zweckmäßig organisirt und mit Werkzeugen von Intelligenz und Zuverlässigkeit ausgestattet ist. *)

Das wichtigste Schutzmittel nach der andern Seite hin, gegen rechtswidrige Verkürzung der individuellen Freiheit liegt in der konsequenten Durchführung der allgemeinen Regel, daß zwischen Zweck und Mittel eine gewisse Verhältnißmäßigkeit stattfinden und die stärkere oder dauerndere Beeinträchtigung der Rechtssphäre des Individuums vermieden werden muß, so lange die geringere oder kürzere zum Ziel zu führen verspricht. Die formellen Schwierigkeiten, an die man die Maßregeln des ersten Angriffs bindet, sinken entweder zur wesenlosen Form herab oder hemmen die Energie und schwächen den Erfolg des Einschreitens. Gelingt es keiner Vorsorge, die Möglichkeit ganz auszuschließen, daß hin und wieder ein Unschuldiger sogar gerichtlich verurtheilt werde, so kann noch viel weniger verhindert werden, daß das Unglück gerichtlicher oder polizeilicher Verfolgung mitunter einen Schuldlosen treffe. Das Urtheil soll man mit allen Bürgschaften sorgfältigster und unbefangenster Erwägung umgeben. Der erste Angriff dagegen, soll er anders Erfolg versprechen, muß rasch und kräftig unternommen werden. Anstatt formeller Garantien gegen Uebergriffe richte man materielle auf: liberal normirte Entschädigungsklagen jedes Benachtheiligten, insbesondere des Bezichtigten gegen den Fiskus wegen aller Störungen, die ohne Noth zugefügt

---

*) Hierin liegt z. B. auch der Schwerpunkt der Dalckeschen Abänderungsvorschläge, Goltdammers Archiv Bd. VIII S. 149 ff.

worden sind; Regreßansprüche des Fiskus an den schuldigen Beamten; scharf abgegrenzte Verantwortlichkeit der einzelnen Beamten, selbstständige Stellung, insoweit Abhängigkeit und Vertretung in der That nur eine nominelle ist, um durch die bestimmte Aussicht auf Selbsthaftung zugleich das eigene Interesse der entscheidenden Persönlichkeit an ein bei aller Energie schonendes Verfahren zu fesseln.

II. Die entscheidendste unter den von dem Herrn Antragsteller vorgeschlagenen Neuerungen ist die Verdrängung des Untersuchungsrichters durch die Thätigkeit des Staatsanwalts, die Aufhebung der gerichtlichen Voruntersuchung.

Sind die Mängel, deren Beseitigung hier ins Auge gefaßt ist, Schwerfälligkeit, Dauer, Umständlichkeit des Vorverfahrens, Herabdrückung der Haupt- zur Schlußverhandlung, nothwendige und unausbleibliche Eigenschaften oder Folgen der Voruntersuchung? Schwerlich. Glückliche Wahl der Untersuchungsrichter, sachgemäße gesetzliche Regelung des Verfahrens, folgerichtig durchgeführte Verlegung des Schwerpunkts in die Hauptverhandlung werden die Folge haben, daß jenen Ausstellungen größtentheils abgeholfen wird. Es läßt sich, besonders wenn erst Vorbild und Traditionen des früheren, schriftlichen Verfahrens vergessen oder verblaßt sein werden, nicht einsehen, weshalb der Untersuchungsrichter minder geschickt sein sollte als der Staatsanwalt, die vorkommenden Erhebungen und Vernehmungen den Bestimmungen des Gesetzes und dem Geist des gegenwärtigen Strafverfahrens gemäß ins Werk zu setzen. Nur das mag zugegeben werden, daß die Förmlichkeit der gerichtlichen Verhandlungen und die Arbeitstheilung zwischen Staatsanwalt und Untersuchungsrichter, wie sie zur Zeit in Deutschland die Regel bildet, die Arbeit und den erforderlichen Zeitaufwand einigermaßen vergrößert. Die Schuld liegt nicht an dem eigentlichen Wesen der Einrichtung, sondern an den Fehlern derselben oder ihrer Träger, wenn diese Vermehrung eine unmäßige wird.

Es scheint mir nun, daß in vielen Fällen dieser geringfügige Nachtheil durch überwiegende Vorzüge der gerichtlichen Voruntersuchung mehr als ausgeglichen wird.

Verhältnißmäßig das wenigste Gewicht messe ich der Forderung prinzipieller Gleichartigkeit bei, zwischen Haupt- und Vorverfahren, zwischen kollegial- und einzelgerichtlichem Prozeß. Die Beweiserhebung in der Hauptverhandlung muß in Deutschland der Hauptsache nach gewiß in die Hände eines Richters gelegt bleiben. Die Preußische Zulassung des Englischen Zeugenverhöres durch Ankläger und Vertheidiger, unbenutzt wie sie geblieben ist, giebt einen schlagenden Beleg für die Richtigkeit dieser Behauptung, deren nähere Begründung nicht unmittelbar zur Sache gehört, daher hier unterbleiben mag. Es ist inkonsequent, die vorläufige Entgegennahme der Beweise in die Hände eines andern Prozeßsubjekts zu legen als die definitive Erhebung. In dem Verfahren vor dem Einzelrichter und bei dem Auftreten eines Privatanklägers wird die gänzliche Unterdrückung der gerichtlichen Voruntersuchung wohl auf unüberwindliche Schwierigkeiten stoßen. Oder sollte z. B. wirklich — §. 2 Abs. 2 a. E. verb. §. 7 der Grunds. — die Sicherheitsbehörde dem Privatankläger unterstehen, der Privatankläger gleich dem Staatsanwalt — §. 1 — mit der Vertheidigung sich zu beschäftigen haben? — Doch über Mangel an Konsequenz könnte man sich leicht hinwegsetzen, so weit reelle Vortheile dafür einzutauschen wären.

Wichtiger ist die durch Aufhebung der gerichtlichen Voruntersuchung gefährdete Füglichkeit rechtzeitiger und erfolgreicher Vertheidigung. Entweder überläßt man, nach den Motiven, dem Vertheidiger die Herbeischaffung und Bearbeitung des dem Interesse der Entlastung dienenden Stoffs; beiläufig bemerkt eine Einrichtung, welche der nothwendigen Vertheidigung die weiteste Ausdehnung geben würde. Hier erhält man zwei neben einander herlaufende Untersuchungen, die unter sich durch besondere Maßregeln in Verbindung gesetzt werden müßten, um nur einigermaßen einander zu korrespondiren, deren eine leicht ins Unendliche fortgesponnen werden kann. Die Englischen Verhältnisse, an die man etwa erinnern mag, sind in allen Stücken abweichend. Oder aber die Staatsanwaltschaft hat nach §. 1 der Grundsätze, auch die Entlastung mit in den Bereich ihrer Thätigkeit zu ziehen, die einzige Normirung, die überhaupt praktisch durchführbar wäre. Dann würde die Vertheidigung im Laufe des Vorverfahrens vollständig von dem Staatsanwalt abhängig sein. Von dem Vertheidiger oder dem Angeschuldigten beantragte Untersuchungshandlungen könnten von dem Staatsanwalt abgelehnt werden, eine Kompetenzregulirung, welcher die Verschiedenartigkeit der Stellung dieser Prozeßgegner entschieden widerstrebt. Je eifriger der Staatsanwalt auf Vereinfachung und Abkürzung des Vorbereitungsverfahrens ausgeht, je zweifelloser und vollständiger ihm die Sachlage bereits aufgeklärt scheint, desto geneigter wird er sein, die von der Vertheidigung für nothwendig gehaltenen Ermittlungen zu verweigern, den Entlastungsbeweis zu verkümmern. Eine Abhilfe ließe sich allerdings durch Anträge bei dem Anklagerichter denken, nachdem der Staatsanwalt diesen angegangen hat; allein theils kann inzwischen die Zeit zu einer wirksamen Geltendmachung der Vertheidigungsmomente bereits verstrichen sein, theils würde auf diese Weise, sehr zum Nachtheil der erstrebten Kürze und Bündigkeit, ein besonderes Zwischenverfahren eingeschoben. So bringt jede eingreifende Umgestaltung der Voruntersuchung zugleich die Gefahr einer Verkürzung der Vertheidigung mit sich.

Von Bedeutung ist dabei besonders die Rücksicht, daß dem unschuldigen Angeschuldigten durch Ausbreitung des Vorverfahrens häufig die Hauptverhandlung erspart werden kann. Ein ganz entsprechender Nutzen gründlicher Voruntersuchung läßt sich auf der Seite der Verfolgung nachweisen. Die Voruntersuchung ist Vorbereitungsverfahren nur insoweit, als eine Hauptverhandlung ihr folgt. Sie trägt dagegen, wenngleich nicht in der Form, so doch gewöhnlich der Sache nach den Charakter eines Definitivums an sich, wenn sie mit dem Einstellungsbeschluß schließt. Um für diese Negative die erforderlichen Unterlagen zu gewinnen, ist eine gründliche Ausnutzung der vorhandenen Beweismittel unerläßlich. Und oft genug ist die Lage beim Beginn nicht dazu angethan, diesen oder jenen Ausgang mit Wahrscheinlichkeit voraussetzen zu können.

Man muß indeß noch einen Schritt weiter gehen. Auch als Vorbereitungsverfahren für eine erschöpfende Hauptverhandlung ist eine eingehende Voruntersuchung in vielen Fällen nicht zu entbehren, weil unter künstlichen und verwickelten Beweisverhältnissen es unthunlich ist, der Hauptverhandlung die nöthige Vollständigkeit zu gewährleisten, ohne das gesammte Beweismaterial in der Voruntersuchung eindringlich erforscht zu haben. Bei Geständniß oder direktem Beweis wird die Voruntersuchung meistens umgangen werden können. Bei künstlichem Beweis wird sie oft nicht zu missen sein, sei es, daß es gilt scheinbar gleichgültige, in der That aber einflußreiche Wahrnehmungen auf frischer That, wo es allein möglich ist, der Vergessenheit zu entreißen, sei es, um den nothwendigen Ueberblick über die sämmtlichen vorhandenen Beweismittel, deren Verhältniß — Uebereinstimmung, Specialisirung, Kontrole, Widerspruch — und Ineinandergreifen zu verschaffen. Ohne solche Vorarbeit wird die Hauptverhandlung in diesen Fällen stets Gefahr laufen, den Gegenstand nicht zu erschöpfen. Ein Uebelstand, der doppelt wiegt, wenn man das Mißliche und Verzögerliche einer erst in der Hauptverhandlung sich aufdrängenden Ergänzung gehörig in Anschlag bringt. Es würde kaum allzu schwer sein, aus der Praxis nachzuweisen, daß, und mittelst psychologischer Erörterungen zu erklären, warum im Allgemeinen die Vollständigkeit der Hauptverhandlung durch die Gründlichkeit der Voruntersuchung wesentlich gefördert wird. Nur im Vorbeigehen möge daran erinnert werden, daß die Voruntersuchung auch die ebenso wichtige wie vernachlässigte Aufgabe hat, die Vollständigkeit der Hauptverhandlung in Bezug auf eine gerechte Strafabmessung, einen der bedeutungsvollsten und schwierigsten Theile des Strafrichteramtes, vorzubereiten. Wer die Kürze der Englischen Voruntersuchungen als Gegenargument citiren sollte, dem ist einzuhalten, daß die dortigen Grundsätze über Zulässigkeit der Beweismittel, Beweislast und Beweiserhebung das ganze Verhältniß erheblich vereinfachen, aber eine Uebertragung auf Deutschen Boden ohne Rückschritte in unserer eigenen Rechtsentwickelung nicht zulassen. Das emsige Streben nach objektiver Wahrheit, der Abbau des ganzen Feldes, auf dem irgend welche Beiträge entdeckbar sind, war eine ebenso lichte, wie den Nationaleigenthümlichkeiten entsprechende Seite unseres früheren Strafprozesses. Sie ist mit dem jetzigen Verfahren nicht unvereinbar, aber sie geräth in Gefahr, bei Seite geschoben zu werden, wenn man es darauf absieht, die Schwerfälligkeit und Ausbreitung des alten schriftlichen Verfahrens in ihr Gegentheil zu verkehren. Ueberall, wo ein erkannter Fehler abgestreift werden soll, muß doppelte Vorsicht aufgewendet werden, um nicht mit Entäußerung des Fehlers zugleich die Vorzüge preiszugeben, aus deren Entartung oder Uebertreibung er hervorgegangen ist. Nicht die äußerliche Ausdehnung, sondern die innerlich zwecklose oder schädliche Verschleppung in dem abgeschafften schriftlichen Verfahren bedurfte der Abhilfe. Die Aufgabe ist Abkürzung unter Beibehaltung der guten, alten Gründlichkeit. Dieser Zweck bleibt, selbst abgesehen von den Fällen verwickelten Indicienbeweises, ohne eingehende Erörterungen im Vorverfahren oft unerreichbar. Bald gilt es, möglichst rasch nach der That die Erinnerung an alle, für den Beweis in Betracht kommende, zumeist an die unscheinbarsten Wahrnehmungen wach zu erhalten und einzuprägen, bald, das ganze Beweismaterial zu verarbeiten, um die Hauptverhandlung durch Beschränkung auf die wichtigsten Beweismittel abzukürzen, zugleich aber auch Gewißheit darüber zu erlangen, daß die in der Hauptverhandlung übergangenen Beweismittel erhebliche Widersprüche oder Zweifelsgründe nicht darbieten. Die Vereinfachung der Hauptverhandlung, besonders bei der Betheiligung von Geschworenen, wird am sichersten und unschädlichsten ermöglicht durch Gründlichkeit der Voruntersuchung. Ich halte den Widerstand, welchen die Praxis den auf Abkürzung der Voruntersuchung gerichteten legislatorischen Bestrebungen vielfach entgegengesetzt hat, für einen zum großen Theil sachlich berechtigten.

Wenn ein eingehendes Vorverfahren in vielen Fällen als nothwendig anerkannt wird, so ist damit noch nicht ohne Weiteres die Frage beantwortet, ob die Leitung desselben dem Staatsanwalt oder einem Richter zu übertragen sei. An und für sich mag bei beiden gleiche Befähigung und gleich guter Wille vorausgesetzt werden. Auch die Legalität der Handlungen und die Zuverlässigkeit der Niederschriften des Staatsanwalts werden etwa ebenso weit reichen, wie die des Untersuchungsrichters. Die seltenen Fälle, in denen diese oder jene bestritten werden möchte, werden füglich außer Rechnung gelassen. Fragt man aber, wem von beiden die Vermuthung größerer Unbefangenheit zur Seite stehe, so kann die Antwort nicht zweifelhaft bleiben. Auch würde es unvermeidlich sein, daß der Staatsanwalt die Eindrücke, welche das selbstgeführte Vorverfahren in ihm zurückgelassen hat, in die Hauptverhandlung mit übertrüge, zu besorgen, daß sein Urtheil, anstatt auf die Ergebnisse der Hauptverhandlung als Unterlagen beschränkt zu sein, von den Ermittlungen der Voruntersuchung beeinflußt werde; ein Uebelstand, der mit der Gründlichkeit der Voruntersuchung in gleichem Verhältniß zunimmt und nur durch konsequenten Wechsel der Vertreter der Staatsanwaltschaft auszugleichen wäre. Das Hauptbedenken aber entsteht aus der auch von dem Herrn Antragsteller anerkannten Unthunlichkeit, gewisse, tief in die persönliche Freiheit des Beschuldigten eingreifende Handlungen der Staatsanwaltschaft ohne Konkurrenz des Gerichtes zu überlassen. Ueber die Grenzlinie mag man streiten. Erkennt man aber die Thatsache, daß Irrthümer nirgends, am wenigsten bei strafrechtlicher Erforschung unbekannter Verhältnisse ausgeschlossen sind, und den Grundsatz an, daß gegen die hieraus entspringende Möglichkeit von Rechtsverletzungen dem Angeschuldigten die bestmöglichen Bürgschaften gegeben werden müssen, so wird man die Folge nicht ablehnen können, daß einzelne, besonders folgenschwere Maßnahmen ordentlicherweise nur von dem Gericht ergriffen werden dürfen. Ebenso führt das Bedürfniß, über gewisse Akte formell beweisgültige Urkunden herzustellen, zu der Nothwendigkeit, die Hilfe des Gerichts in Anspruch zu nehmen. Mag man nun in der von dem Herrn Antragsteller vorgeschlagenen oder in irgend einer anderen Weise zwischen den dem Gericht vorbehaltenen und den dem Staatsanwalt überlassenen Untersuchungshandlungen scheiden, immer wird die Folge ein zwiespaltiges, mit Hemmnissen aller Art kämpfendes, der organischen Einheit entbehrendes, seinen Zweck leicht verfehlendes Verfahren sein. Dem Gericht steht entweder über die Vornahme der ihm zugewiesenen Prozeßhandlung keine Cognition zu, — dann entbehrt der Angeschuldigte des ihm zugedachten Schutzes, — oder das Gericht hat nach §. 2 und 4 der Grundsätze über die Anträge des Staatsanwalts Entschließung zu fassen — dies doch wohl nur bei jenen besonders empfindlichen Einschreitungen gegen den Bezichtigten. Hierzu ist dem Gericht Einsicht und Studium der gesammten Verhandlungen vonnöthen. Inzwischen feiert der Staatsanwalt, dem die Fortleitung der Erörterungen doch eigentlich obliegt. So oft diese Devolution im Laufe der Untersuchung sich wiederholt, immer ist sie für das Gericht mit der Pflicht verbunden, die gegenwärtige, vielleicht veränderte Sachlage zu ergründen und zu berücksichtigen, für den Staatsanwalt mit einer Unterbrechung seiner eigenen prinzipalen Thätigkeit verknüpft. Oder soll der Staatsanwalt die Untersuchung seinerseits fortsetzen, während der Richter aus Rechtsgründen ablehnt, der Angeschuldigte seine Unschuld mit Evidenz nachweist?

Jede derartige Trennung nach der Gattung der einzelnen Maßregeln, die dem Angeschuldigten wirklich etwas nützen soll, zerstückelt nicht nur die Untersuchung, sondern zersplittert überdies einzelne, nothwendig Vereinigung heischende Prozeßhandlungen. Man denke an ausnahmsweise Zeugenvereidung, an Befragung von Zeugen bei Augenscheinseinnahme, an Konfrontationen von Zeugen und Angeschuldigten, an Schuldige, die als Zeugen vernommen und während der Vernehmung erst verdächtig werden. Nach §. 3 könnte, selbst wenn der Staatsanwalt für Nichtverfolgung sich entschieden hätte, die Entlassung des vorläufig verhafteten Beschuldigten nur durch Gerichtsbeschluß erfolgen! Aehnlich wie es scheint §. 6 Abs. 1 a. E.

Das Härteste für den Angeschuldigten ist gewöhnlich nicht die Vornahme irgend einer prozessualen Handlung, sondern die Dauer der Untersuchungshaft. Die Beschlußfassung des Gerichts über den Beginn dieser Maßnahme schließt die Möglichkeit nicht aus, daß dieselbe, obschon ursprünglich gerechtfertigt, weit über die unerläßliche Ausdehnung hinaus erstreckt wird. Nach dem Kellerschen Antrag hätte die Staatsanwaltschaft es in der Hand, die einmal von dem Gericht gebilligte Haft endlos fortdauern zu lassen. Giebt man dagegen dem Gericht das Recht, selbst die Initiative zur Wiederaufhebung zu ergreifen, so wird die organische Einheit des Vorverfahrens vollends zu Grabe getragen. Zu demselben Endziel führt die richterliche Kontrole, wenn sie eine materielle Bedeutung haben und nicht blos pro forma eingerichtet werden soll.

Zur Bekräftigung der Behauptung, daß eine gerichtliche Voruntersuchung des öftern unumgänglich geboten sei, darf auf eine nahe liegende Erfahrung aus der Praxis Bezug genommen werden, daß nämlich die Staatsanwälte den Antrag auf gerichtliche Voruntersuchung sehr häufig auch in den Ländern, deren Gesetzgebung das Institut der Hauptverhandlung ohne Voruntersuchung kennt, und in denjenigen Fällen stellen, in welchen sie formell es in der Hand hätten, durch eigene Vorerörterungen eine unmittelbare Hauptverhandlung herbeizuführen. Es bedarf keiner Ausführung darüber, wie prägnant gerade von dieser Seite das Anerkenntniß ist, daß die Voruntersuchung denn doch vielfach nicht zu entbehren sei.

Ebenso bestimmt wie die Frage, ob die Voruntersuchung immer erläßlich sei, verneine ich ihr Gegentheil. Keiner der Gründe, welche für die Beibehaltung der Einrichtung angeführt werden können, trifft alle Straffälle von Erheblichkeit. Die Gesetzgebungen haben sich der Mehrzahl nach in demselben Sinne entschieden. Die unmittelbare Anberaumung der Hauptverhandlung enthält oft eine wesentliche Abkürzung des Verfahrens, besonders gegenüber zeitraubenden Formalien der Voruntersuchung; sie läßt die Beweismittel frischer und häufig treuer entgegentreten; sie legt den Accent deutlicher und stärker auf die Hauptverhandlung; sie beseitigt oder mindert den ungehörigen

Einfluß, den namentlich auf rechtsgelehrte Richter der Inhalt der Vorakten oft ausübt. Und theils hat die Verkürzung der Vertheidigung, welche sie mit sich bringt, da nichts auf sich, wo es nichts zu vertheidigen giebt, theils ist diese Beeinträchtigung meistens nur eine vorübergehende, theils wird dieses Bedenken durch jene auch dem Angeschuldigten zu Gute kommenden Vortheile gewöhnlich mehr als ausgeglichen. Wie es dem Staatsanwalt unbenommen bleiben muß, zu Vorbereitung des Antrags auf Voruntersuchung Erörterungen zu veranlassen, so kann es ihm auch nicht versagt werden, die Materialien zu einer unmittelbaren Hauptverhandlung selbst zusammenzutragen. Hier oder dort dem Staatsanwalt eine Thätigkeit zu verbieten, die von jedem Polizeibeamten entwickelt werden darf, wäre gänzlich unhaltbar. Die Frage kann nur sein, wie weit die unmittelbare Vorladung zur Hauptverhandlung ausgedehnt werden soll. Aber sie liegt dem zu begutachtenden Antrag fern. Nur die kürzliche Berührung des Gegenstandes erschien nöthig, um die vorausgesandte Kritik durch ein positives Ergänzungselement in das rechte Licht zu stellen.

Hat man, um schließlich in derselben Absicht auch noch die Fälle der unentbehrlichen Voruntersuchung zu erwähnen, hat man den Muth, ein Radikalmittel in Anwendung zu bringen, so würde ich vorschlagen: Nach billigen und freigebigen Grundsätzen wird unter Gewährung des nöthigen freien Spielraums jedem Angeschuldigten eine Entschädigungsklage gegen den Fiskus wegen jeder Verlängerung der Voruntersuchung oder Haft gegeben, welche vom Untersuchungsrichter hätte vermieden werden können. Der Maßstab ist je der einzelnen Untersuchung für sich zu entnehmen. Die sonstige Arbeitslast kommt nur bei dem Regreß des Fiskus an den säumigen Beamten in Betracht. Diese Schädenklage wird durch die Anrechnung der Haft auf die Strafe nicht ausgeschlossen.

Erhellt aus den bisherigen Ausführungen, daß ich dem obersten der vorgeschlagenen Grundsätze insofern nicht beitreten kann, als ich die Ueberlassung der Entdeckungspolizei an den Staatsanwalt und die allgemeine Aufhebung der gerichtlichen Voruntersuchung für räthlich nicht erachte, und geben sich die Vorschläge im Uebrigen lediglich als Ausführungen des an die Spitze gestellten Prinzips kund, so würde eine in das Detail derselben eingehende Erörterung von meinem Standpunkt aus ohne Zweck sein.

№ 2.

Gutachten über die Gesetzgebungsfrage, betreffend die Zuziehung der Staatsanwaltschaft im Civilprozesse.

D.

Gutachten des Obergerichts=Vice=Directors Francke in Lüneburg.

§. 1.

Wenn die Frage gestellt ist, ob die Thätigkeit der Staatsanwaltschaft auch auf die bürgerlichen Rechtsstreitigkeiten auszudehnen sei, und in wie weit? so wird dabei zunächst und vorzugsweise diejenige Thätigkeit in Betracht kommen, welche das Französische Recht und die diesem nachgebildeten Deutschen Prozeßgesetze der Staatsanwaltschaft in Beziehung auf bürgerliche Streitigkeiten einräumen. Es wird daher zweckdienlich sein, sich zuerst im Allgemeinen zu vergegenwärtigen, welches die ihr nach diesen Gesetzgebungen dabei obliegenden Funktionen sind.

A. Das Französische Recht.

Die Thätigkeit, welche die Staatsanwaltschaft in Frankreich für die Justizpflege zu üben hat, ist bekanntlich eine sehr mannigfaltige und vielseitige, da sie in den verschiedenartigsten Richtungen und Stellungen den Zwecken der Justiz dienen soll. So weit die bürgerliche Justizpflege davon berührt wird, lassen sich folgende Hauptrichtungen ihrer Thätigkeit unterscheiden:

1) Sie hat als ein Organ der staatlichen Oberaufsicht die gesammte Justizpflege, also auch die Handhabung der Civiljustiz zu überwachen. Eine spezielle Dienstaufsicht ist von ihr über den Geschäftsbetrieb der Anwälte, Gerichtsschreiber und Vollziehungsbeamten zu führen.

2) Sie ist berufen, in einzelnen bestimmten Sachen als Hauptpartei — partie principale — im Prozesse aufzutreten, namentlich

als Vertreterin des Staatsoberhaupts in Prozessen über die Krondomänen, die Civilliste und das Kapitalvermögen des Regenten;

in Ehesachen, wenn auf Nichtigkeitserklärung einer Ehe anzutragen ist;

in Civilstandssachen, wenn die Berichtigung einer Civilstands-Urkunde in Frage kommt;

wenn Anträge auf Interdiction wegen Raserei, Blödsinn oder Wahnsinn zu stellen sind *).

3) Sie kann als partie jointe in allen vor den ordentlichen Gerichten verhandelten Streitsachen sich in der Weise betheiligen, daß sie nach den Parteivorträgen das Wort ergreift, um dem Gerichte ihre Ansicht, wie die Sache zu entscheiden, zu eröffnen und bestimmte Anträge zu stellen.

Zu dieser Thätigkeit ist sie aber in einer nicht geringen Anzahl von Prozessen bei Strafe der Nichtigkeit auch verpflichtet. Dahin gehören namentlich:

alle Sachen, welche die öffentliche Ordnung, den Staat, die Staatsgüter, die Gemeinden, öffentliche Anstalten, Legate und Schenkungen zum Besten der Armen;

welche den Civilstand einer Person oder welche die Vormundschaften betreffen;

Prozesse der Ehefrauen in gewissen Fällen, Sachen der Minderjährigen und überhaupt alle Prozesse, in welchen eine Partei durch einen Vormund oder Kurator vertreten wird, ingleichen diejenigen, bei welchen ein präsumtiv Abwesender betheiligt ist;

Syndikatsklagen gegen Richter;

Ehescheidungsklagen aller Art.

Ebenso muß sie bei vielen einzelnen Incident-Verhandlungen mit ihren Anträgen gehört werden, insbesondere, wenn über die Einrede des inkompetenten Gerichts zu entscheiden, wenn im Falle eines Kompetenzkonflikts das rechte Gericht zu bestimmen, oder eine Verweisung der Sache an ein anderes Gericht auszusprechen, wenn über Rekusationsgesuche, über die Anfechtung einer Urkunde als einer gefälschten, über Restitutionsgesuche zu erkennen ist, bei Prioritätsfeststellungen im Konkurse und in mehren andern Fällen.

In allen solchen Fällen müssen ihr die Akten vor dem Verhandlungstermine zur Einsicht mitgetheilt werden; sie kann aber auch in allen andern Fällen deren Mittheilung verlangen.

4) In ihrer Hand liegt ferner die Geschäftsverbindung des Prozeßgerichts mit andern Gerichten oder sonstigen Behörden und in gewissen Fällen auch die Vermittelung prozessualischer Ladungen und anderer Zufertigungen.

5) Sie ist berechtigt, wider die dem Gesetze widerstreitenden Urtheile der Gerichtshöfe, wenn wider dieselben kein Rechtsmittel der Parteien mehr

*) Da es hier nur auf die Hauptpunkte ankommt, so macht weder diese, noch eine der nachfolgenden Aufzählungen auf Vollständigkeit Anspruch.

zulässig ist, mit einer Richtigkeitsbeschwerde im Interesse des Gesetzes, welche jedoch den Rechten der Parteien nicht präjudizirt, einzuschreiten.

B. Die Deutschen Gesetzgebungen.

In Deutschland sind, abgesehen von den Landestheilen, in denen überhaupt Französisches Recht gilt, meines Wissens Hannover, Oldenburg und Braunschweig die einzigen Staaten, welche der Staatsanwaltschaft auch in bürgerlichen Rechtssachen eine Thätigkeit nach dem Französischen Vorbilde eingeräumt haben. Die Gesetzgebungen dieser drei Länder sind jedoch sämmtlich hinter dem Muster in wesentlichen Punkten zurückgeblieben, wie die nachfolgende Darstellung ergeben wird.

I. Hannover.

Nach dem Hannoverschen Gerichtsverfassungsgesetze vom Jahre 1850 soll eine Staatsanwaltschaft bei allen obern Gerichten (im Gegensatz zu den Einzelrichtern) bestehen, als deren Aufgaben, soweit dieselben auf bürgerliche Streitigkeiten Bezug haben, folgende angeführt sind:

> die Beobachtung der Gesetze und reglementarischen Vorschriften bei den Gerichten, und die Dienstführung der dabei angestellten Personen, so wie auch der Anwälte und Advokaten zu überwachen;
>
> dahin zu sehen, daß die Gesetze über „Vertretung spezieller Interessen" gehörig befolgt werden, z. B. bei Anordnung und Verwaltung der Vormundschaften und Kuratelen;
>
> die Geschäftsverbindung der höhern Gerichte unter sich und mit andern Behörden zu vermitteln,
>
> und überhaupt die durch die Prozeßordnungen oder sonst etwa ihr beizulegenden Verrichtungen auszuführen.

Es sei aber schon hier bemerkt, daß durch das Zusatzgesetz vom 31. März 1859 die Vermittelung der Geschäftsverbindung der Gerichte wieder der Staatsanwaltschaft abgenommen und den Gerichten selbst zurückgegeben ist.

Neben den allgemeinen Sätzen des Gerichtsverfassungsgesetzes bestehen nun in der bürgerlichen Prozeßordnung von 1850 eine Reihe einzelner Vorschriften über die staatsanwaltschaftliche Thätigkeit. Darnach ist die Staatsanwaltschaft

1) berechtigt, in allen Sachen nach Beendigung der Parteivorträge das Wort zu nehmen, um über die abzugebende Entscheidung sich gutachtlich zu erklären; sie kann zu dem Ende eine einmalige Aussetzung der Sitzung beantragen und in allen Sachen die Mittheilung der Akten

verlangen. In gewissen Sachen (welche großentheils mit den **sub A.** 3 zusammenfallen) soll diese Mittheilung auch ohne ihren Antrag vor dem Verhandlungstermine erfolgen; zugleich aber ist ausgesprochen, daß den Parteien keinerlei Rechtsmittel zusteht, wenn die vorgeschriebene Mittheilung unterblieben ist. Eine Verpflichtung der Staatsanwaltschaft zur Abgabe ihrer gutachtlichen Erklärung besteht hierbei nicht.

2) Vorgeschrieben aber ist ihr Vortrag, bez. ihre Anhörung bei einigen Incidentfragen, namentlich:

wenn bei Kompetenzkonflikten vom höhern Gerichte das zuständige Gericht zu bestimmen, oder bei Behinderung des zuständigen Richters die Verweisung der Sache vor ein anderes Gericht auszusprechen,

wenn über Ablehnungsgesuche,

über die Weigerung eines Anwalts, die Vertretung einer Partei zu übernehmen,

über den Ausschluß der Oeffentlichkeit, falls derselbe auf Antrag der Parteien verfügt werden soll, und

wenn über Beschwerden wegen Justizverweigerung oder Verzögerung zu entscheiden ist.

3) Von ihr selbst erfolgt im Verfahren vor den höhern Gerichten die Bewilligung des Armenrechts, und sie hat auch die nachträgliche Einziehung der annotirten Kosten zu betreiben.

4) Ihr sind die Zustellungen zu machen, wenn es sich um Behändigungen im Auslande oder um die Zustellung durch die öffentlichen Blätter handelt.

5) An sie können Beschwerden wider die Gerichtsvögte in Zwangsvollstreckungssachen wegen Verzögerungen, Gebührenüberschreitungen und ähnlicher Ordnungswidrigkeiten gebracht werden, und sie hat zur Abhülfe derselben die geeigneten Verfügungen zu treffen.

6) Der Oberstaatsanwalt hat die Richtigkeitsbeschwerde zur Wahrung des Gesetzes, wenn durch eine gerichtliche Verfügung eine gesetzliche Vorschrift falsch angewandt oder verletzt ist. Durch die Beschwerde werden die Rechte der Parteien nicht berührt.

Die Staatsanwaltschaft als **partie principale** des Französischen Rechts ist der Hannoverschen Prozeßordnung fremd, es sei denn, daß diese Funktion in der ihr übertragenen Einziehung annotirter Kosten anzutreffen wäre. Aehnlich aber erscheint die Stellung, welche bei Kompetenzkonflikten zwischen Gerichten und Verwaltungsbehörden ihr als Vertreterin der Verwaltungsbehörde durch eine Verordnung vom 26. Januar 1856 angewiesen ist.

II. Oldenburg.

Die Oldenburgsche Prozeßordnung von 1857 hat die Zuständigkeit der Staatsanwaltschaft im bürgerlichen Prozeßverfahren in ähnlicher Weise, wie in Hannover, bestimmt, jedoch im Einzelnen noch mehr eingeschränkt.

Sie giebt der Staatsanwaltschaft das Recht, von allen Akten Einsicht zu nehmen, den Gerichtssitzungen — nicht den Berathungen der Richter — beizuwohnen und nach den Vorträgen der Parteien gutachtliche Erklärungen abzugeben und Anträge zu stellen.

Die Fälle, in denen ihr die Akten vorher mitgetheilt werden müssen, sind weniger zahlreich als in Hannover und Frankreich, — namentlich fehlen darunter die Sachen, welche die öffentliche Ordnung und welche den Staat betreffen.

Vorgeschrieben ist ihre Anhörung nur bei einigen wenigen Incidentverhandlungen, so bei Ablehnungsgesuchen und bei Anträgen auf Ausschluß der Oeffentlichkeit.

Die von ihr zu erhebende Richtigkeitsbeschwerde im Interesse des Gesetzes hat die gleichen Voraussetzungen und gleiche Bedeutung wie in Hannover.

Sie entscheidet über die Bewilligung des Armenrechts und ordnet der armen Partei einen Anwalt zu.

Ihre Zuziehung endlich ist vorgeschrieben bei der Anordnung oder Aufhebung einer Kuratel wegen Geisteskrankheit, körperlicher Gebrechen und Verschwendung, und ist ihr selbst eine Beschwerde gegen die erkannte Anordnung oder Aufhebung solcher Kuratelen gegeben. Zu bemerken ist hierbei jedoch, daß ein Prozeßverfahren in diesen Fällen nicht stattfindet, daß vielmehr die Anordnung und Aufhebung der Kuratelen lediglich den Vormundschaftsbehörden zusteht, welche darüber nach angestellter Untersuchung zu verfügen haben.

III. Braunschweig.

Die Braunschweigische Prozeßordnung von 1850 kommt der Französischen Gesetzgebung in dem Punkte am nächsten, daß sie die Staatsanwaltschaft als Partei in folgenden Fällen auftreten läßt:

als Vertreterin eines Abwesenden in dringenden Fällen, so lange ein Kurator für ihn noch nicht bestellt ist;

wenn eine wegen öffentlichen Ehehindernisses verbotene Ehe als nichtig anzufechten ist;

wenn auf Interdiktion eines Geistesschwachen, Wahnsinnigen, Taubstummen, Taubblinden oder Verschwenders anzutragen ist, und die nächsten Angehörigen keine Anträge stellen;

desgleichen in allen Fällen, wo gesetzlich verbotene Handlungen im öffentlichen Interesse anzufechten oder wiederaufzuheben sind.

Mehrere andere Bestimmungen des Braunschweigischen Gesetzes über die Theilnahme der Staatsanwaltschaft am Prozesse sind denen in Hannover in der Hauptsache gleich. Namentlich ist die Mittheilung der Akten an die Staatsanwaltschaft, ihre Befugniß, bei der Sachverhandlung sich mit gutachtlichen Erklärungen und Anträgen zu betheiligen, ihre Zuständigkeit zur Bewilligung des Armenrechts, ihre Nichtigkeitsbeschwerde zur Wahrung des Gesetzes, ziemlich ebenso wie in Hannover geordnet. Es fehlen aber Vorschriften über ihre Zuziehung bei Kompetenzbestimmungen, Ablehnungen und andern prozessualischen Incidentpunkten, bei denen in Hannover ihr Vortrag oder ihre Anhörung erforderlich ist.

Auch kennt sowenig die Braunschweigische wie die Oldenburgische Prozeßordnung die staatsanwaltschaftliche Vermittelung der Geschäftsverbindung der Gerichte, oder eine Betheiligung der Staatsanwaltschaft bei prozessualischen Zustellungen.

§. 2.

Die verschiedenen, in den vorerwähnten Gesetzgebungen der Staatsanwaltschaft beigelegten Attribute lassen sich nach zwei Hauptgesichtspunkten sondern. Sie sind nämlich:

A. Theils solche, welche nicht speziell den einzelnen Rechtsfall angehen, sondern die ordnungsmäßige Justizpflege im Allgemeinen bezielen. Dahin gehört diejenige Thätigkeit, welche die Staatsanwaltschaft als Organ der obersten Staatsaufsicht, und diejenige, welche sie als eine verwaltende Behörde für die Zwecke der Justizpflege zu entwickeln hat.

B. Theils aber betreffen sie die einzelne Rechtssache und haben in dieser ihre Bedeutung als prozessualische Funktionen. Dabei ergeben sich nach den Hauptrichtungen ihrer Thätigkeit folgende, getrennt zu haltende Arten derselben:

1) Ihre Thätigkeit als wirkliche Prozeßpartei — **partie principale** — in solchen Fällen, in welchen ihr die Geltendmachung eines Rechts oder die Vertheidigung dagegen vom Gesetze zugewiesen ist.

2) Ihr Auftreten als **partie jointe**, wo sie neben den Prozeßparteien ihre Ansicht darüber, wie zu entscheiden ist, dem Gerichtshofe gutachtlich vorträgt.

Zwischen diesen beiden Arten stehen diejenigen Fälle ihrer Thätigkeit, wo sie zwar nicht selbst als Partei auftritt, aber das Organ ist, durch welches gewisse Incidentanträge oder Beschwerden einer Partei zugleich mit ihrer eigenen gutachtlichen Aeußerung zur gerichtlichen Entscheidung gebracht werden. Dahin gehören größtentheils die oben Seite 33 **sub B.** 2 aufgeführten Fälle, in denen ohne Gehör der Gegenpartei eine Verfügung zu treffen ist.

3) Ihre Thätigkeit zur Vermittelung der im Prozesse sich ergebenden Geschäftsbeziehungen des Prozeßgerichts zu andern Gerichten oder sonstigen Behörden, sowie ihre Vermittelung bei Zustellungen im Auslande und durch die öffentlichen Blätter.

4) Die ihr überlassene Ertheilung des Armenrechts und die Einziehung annotirter Kosten.

5) Endlich kann hierher auch gehören diejenige Thätigkeit, welche sie vermöge der ihr anvertrauten speziellen Dienstaufsicht über Advokaten, Anwälte, Gerichtsschreiber, Gerichtsvögte auszuüben hat, insofern es sich dabei um einzelne bestimmte Handlungen dieser Personen im Prozesse, bei denen ein Partei-Interesse in Frage steht, handelt.

C. Weder ganz zu der einen noch zu der andern Klasse gehört die ihr übertragene Beschwerde im Interesse des Gesetzes, welche zwar eine im Einzelfalle ergangene Entscheidung oder Verfügung zum Gegenstande hat, aber doch an dieser für den betreffenden Fall nichts zu ändern vermag, sondern nur im Interesse der künftigen Rechtsanwendung einen Ausspruch des höchsten Gerichtshofes über eine stattgehabte Verletzung oder falsche Anwendung des Gesetzes herbeiführen soll.

Es wird dienlich sein, diese verschiedenen Richtungen der staatsanwaltschaftlichen Thätigkeit auseinanderzuhalten, wenn es sich darum handelt, ob und was davon eine Deutsche bürgerliche Prozeßordnung an- und aufnehmen soll.

§. 3.

Daß die Staatsregierung zur Ausübung der ihr zustehenden Oberaufsicht über die gesammte Justizpflege, also auch über die Civiljustiz, des Organs der Staatsanwaltschaft sich bediene, empfiehlt sich als die zweckmäßigste und wirksamste Einrichtung. Es muß anerkannt werden, daß alle sonstigen, bisher zu diesem Zwecke in Deutschland angewandten Mittel und Organe — regelmäßige oder außerordentliche Gerichtsvisitationen, Geschäftsberichte und Tabellen, oder die den Präsidenten der Gerichtshöfe übertragenen besondern Kontrole-Pflichten — nicht genügend gewesen sind, um die Staatsregierung von dem wahren Zustande der Justizpflege in den Gerichtshöfen des Landes in fortlaufender Kenntniß zu erhalten, um Mängel und Mißstände rasch und auf zweckmäßige Weise beseitigen zu können. Tabellen und Register, wenn sie auch mit voller Gewissenhaftigkeit aufgestellt werden, legen doch immer nur ein nacktes Resultat in seiner Außenseite zu Tage; die Ursachen eines in ihnen äußerlich hervortretenden Uebelstandes, die innere Behandlung der Sachen, die Beobachtung der gesetzlichen Formen, werden sie in den seltensten Fällen erkennen lassen und noch weniger die geeigneten Mittel zur Abstellung von Mängeln an die Hand geben. Gerichtsvisitationen sind vorübergehende Kontrolen, und weil sie das sind, können sie auch nur eine theilweise und mangelhafte Einsicht in den Zustand der Rechtspflege bei dem visitirten Gerichtshofe gewähren; sie sind überhaupt — wie Feuerbach über Oeffentlichkeit und Mündlichkeit Bd. II. S. 138 richtig bemerkt — mehr dazu geeignet, einzelne schon eingerissene Mißbräuche zu entdecken, als dem Entstehen und Ueberhandnehmen derselben entgegenzuwirken. Und was die Kontrole der Gerichte durch die Präsidenten betrifft, so muß der Gedanke, daß diese selbst ein Theil und zwar die Spitze ihres Gerichtshofes sind, sogleich das Mißliche und Bedenkliche einer nur durch sie allein auszuübenden Oberaufsicht hervortreten lassen.

Die Staatsanwaltschaft steht dagegen neben dem Gerichtshofe, ist eine selbstständige Behörde und hat daher auch kein Interesse und keinen Antrieb, etwa sich zeigende Mängel und Ordnungswidrigkeiten zu verschweigen und hingehen zu lassen. Andererseits aber ist ihr durch ihre fortdauernde Geschäftsverbindung mit dem Gerichte die beste Gelegenheit gegeben, die Handhabung der Justizpflege bei demselben aus unmittelbarster Nähe zu beobachten und kennen zu lernen. Sie kann schon dadurch allein einen heilsamen Einfluß üben, daß ihre stete Nähe alle beim Gerichte thätigen Personen in Aufmerksamkeit auf sich selbst erhält und jeden Einzelnen wachsam macht; wenn aber Mißbräuche sich zeigen, so wird sie dieselben in den meisten Fällen durch geeignete Anträge beim Präsidenten sachgemäß und zugleich schonend beseitigen können; ergeben sich Mängel anderer Art oder neue Bedürfnisse, so ist ihre Hülfe wieder der einfachste und wirksamste Weg zu deren Abstellung.

Nun läßt sich zwar der Einwand erheben, daß die Unabhängigkeit der Gerichte leichter in Gefahr kommen könne, wenn in den Staatsanwaltschaften das Organ gegeben sei, die Gerichte fortdauernd zu kontroliren und auf sie einzuwirken. Die Geschichte des ersten Französischen Kaiserreichs zeigt auch, daß damals in Frankreich die Beamten des ministère public vielfach dazu benutzt sind, den politischen Gesinnungen nachzuspüren und pflichtgetreue Richter, wenn ihre Urtheilssprüche der kaiserlichen Politik entgegen waren, zu verfolgen. Allein die Gefahr eines Mißbrauchs ist immer vorhanden, mag die Oberaufsicht auf die eine oder andere Weise geübt werden. Eine Regierung, welche sich nicht scheut, die Unabhängigkeit der Gerichte anzutasten, wird dazu auch ohne das Institut der Staatsanwaltschaft immer die Mittel und Werkzeuge zu finden wissen, und diese werden dann oft noch viel gefährlicher sein als die organisirte und verantwortliche Staatsbehörde. Jedenfalls aber ist die Staatsanwaltschaft in dem bei Weitem größten Theile Deutschlands bereits eingeführt, Niemand denkt daran, sie wieder zu beseitigen, und kann daher nur das noch in Frage sein, ob dem bereits vorhandenen Organe auch die Ueberwachung der Civil-Justizpflege anvertraut werden soll. Bei dieser Sachlage würde die vorausgesetzte Gefahr für die richterliche Unabhängigkeit kaum eine geringere sein, wenn auch die Frage verneint würde.

Dabei versteht es sich jedoch, daß die in dieser Richtung der Staatsanwaltschaft einzuräumenden Funktionen im Wesentlichen beobachtender und vermittelnder Natur bleiben müssen, daß insbesondere ihr nicht selbstständige Verfügungsrechte beigelegt und sie nicht selbst zur Disciplinarbehörde für die Gerichte gemacht werden darf. Im Einzelnen aber werden die nähern Bestimmungen hierüber von dem Dienstorganismus der verschiedenen Staaten abhängen.

Hierin stimmen denn auch alle Schriftsteller über die Staatsanwaltschaft, deren Ansichten mir zugänglich waren, völlig überein. Sie Alle sprechen sich dafür aus, daß die Oberaufsicht des Staats über die Justizpflege am wirksamsten und zweckmäßigsten durch die Staatsanwaltschaft wahrgenommen werde, und Niemand von ihnen will hinsichtlich der bürgerlichen Justizpflege eine Ausnahme gemacht wissen*).

§. 4.

Ganz andere Gesichtspunkte ergeben sich für diejenigen staatsanwaltschaftlichen Funktionen, welche eine Thätigkeit im Prozesse für den einzelnen Rechtsfall bezielen.

1) Das Auftreten der Staatsanwaltschaft als **partie principale** in gewissen Rechtssachen, bei denen das Staatsoberhaupt, der Staat oder die öffentliche Ordnung besonders betheiligt sind, ist m. E. ein Punkt, der ganz außerhalb des Bereiches einer Prozeßordnung steht und auf welchen die mir gestellte Frage gar nicht bezogen werden kann. Wenn die Staatsanwaltschaft selbst Partei im Prozesse ist — sei es als Kläger, Beklagter, Intervenient oder in welcher andern Parteirolle — da muß sie natürlich auch in dieser Rolle thätig werden können, da kann es allenfalls in Frage kommen, ob für sie als Partei einzelne Abweichungen von den allgemeinen Prozeßvorschriften statuirt werden sollen (z. B. ob sie von der Regel der nothwendigen Vertretung durch einen Anwalt auszunehmen ist), — aber

*) Feuerbach, über Oeffentlichkeit und Mündlichkeit 2c. Bd. II. S. 138; Müller, das Institut der Staatsanwaltschaft §. 117 ff.; Frey, Frankreichs Civil- und Kriminal-Verfassung S. 230; Gerau im Archiv für civil. Praxis Bd. 32 S. 324 ff.; Berninger, das Institut der Staatsanwaltschaft S. 24 ff.

niemals kann es die Frage sein, ob auf diesen ihren eigenen Prozeß ihre Thätigkeit erstreckt werden soll.

Wer in einem Prozesse Partei sein kann, ist eine Frage des materiellen Rechts, nicht der Prozeßgesetzgebung. Denn es kommt dabei zunächst darauf an, ob ein im Wege Rechtens geltend zu machendes Recht überhaupt vorhanden ist, und sodann darauf, wer die berechtigten, bez. verpflichteten Subjekte sind, oder wen sonst die Gesetzgebung als den Träger und Vertreter des Rechts anerkennt. So ist z. B. in mehreren Deutschen Staaten wider verbotene Ehen eine Nichtigkeitsklage im Interesse der öffentlichen Ordnung eingeführt, welche anderswo unbekannt ist*); der eine Staat läßt über Anträge auf Interdiktion eines Wahnsinnigen oder Verschwenders im Prozeßwege von den Gerichten entscheiden, während in andern Ländern ein Prozeßverfahren darüber gar nicht stattfindet, sondern die Anordnung solcher Kuratelen und Interdictionen den Vormundschaftsbehörden überwiesen ist. Diese Verschiedenheiten werden schwer auszugleichen sein, um so schwerer, als sie theils — wie bei der Klage auf Nichtigkeitserklärung einer Ehe — mit konfessionellen Standpunkten zusammenhängen, theils der ganze Organismus der staatlichen Behörden dabei in Frage kommt. Geht man die Sachen im Einzelnen durch, in welchen das Französische Recht der Staatsanwaltschaft die Rolle einer partie principale zutheilt, so wird man darunter nicht eine einzige finden, hinsichtlich welcher die materiellen Grundlagen und Voraussetzungen in allen Deutschen Staaten gleichmäßig gegeben wären.

Es wird also von dem materiellen Rechte des einzelnen Landes abhängig bleiben, ob und wann die Staatsanwaltschaft in einem bürgerlichen Rechtsstreite Prozeßpartei sein kann. Damit stimmt auch Plathner in seinem Gutachten (Verhandlungen des zweiten Deutschen Juristentages I. S. 109 ff.) im Allgemeinen überein. Wenn er aber trotzdem sich dahin ausspricht, daß der Staatsanwaltschaft das Recht zur Klage auf Nichtigkeitserklärung einer Ehe und auf Interdiktion beizulegen sei, so scheint er dabei allzusehr vom speziellen Standpunkte der Preußischen Gesetzgebung ausgegangen zu sein und die materiellen Verschiedenheiten im Rechte anderer Staaten nicht berücksichtigt zu haben. Nach meiner Ansicht wird nur da, wo das Civilgesetz eines Landes der Staatsanwaltschaft ein gerichtlich zu verfolgendes Recht oder Widerspruchsrecht in die Hand giebt, sie als Prozeßpartei vor Gericht in Betracht kommen können, andernfalls aber nicht.

---

*) In dem einen Lande sind Klagen in Ehesachen an die ordentlichen Civilgerichte gewiesen, während in andern Staaten diese Klagen noch zur geistlichen Gerichtsbarkeit gehören und in einem von dem sonstigen Prozeßgange ganz abweichenden Verfahren verhandelt werden.

§. 5.

2. Den Kern der Frage scheint die Stellung der Staatsanwaltschaft als sog. **partie jointe** im Prozesse zu enthalten. In dieser Beziehung ist auch unter den Deutschen Juristen die wenigste Uebereinstimmung. Feuerbach, Frey, Gerau, Mittermayer, Plathner widerrathen dringend die Einführung einer solchen Funktion in die Deutsche Gesetzgebung, während Müller und neuerdings Berninger ihr sehr das Wort reden und Brauer sie mit der Einschränkung auf die wichtigern Fälle des öffentlichen Interesses zulassen will. Meine Ansicht geht dahin, daß diese staatsanwaltschaftliche Funktion weder im Prinzipe richtig ist, noch durch Gründe des praktischen Nutzens gerechtfertigt wird.

Fragt man zuvörderst, in welcher Eigenschaft die Staatsanwaltschaft in einem bürgerlichen Prozesse, in welchem sie nicht selbst Partei ist, thätigen Antheil nehmen soll, so ist die Antwort immer: als Organ des Gesetzes. Als solches soll sie befugt sein — und nach Französischem Rechte in einer nicht geringen Zahl von Prozessen auch verpflichtet sein — nach Beendigung der Parteivorträge dem Gerichte ihre Ansicht zu eröffnen, wie in dem vorliegenden Falle zu urtheilen ist. Ihre gutachtliche Erklärung hätte darnach die Natur und Bedeutung eines konsultativen Votums und sie selbst hätte den Charakter eines Gehülfen des Gerichts.

Dabei muß es aber sofort als eine Inkonsequenz erscheinen, daß das Organ des Gesetzes nicht in allen Sachen sein gutachtliches Votum über die zu fällende Entscheidung abzugeben hat, daß es vielmehr der physischen Person, worin dieses Organ verkörpert ist, immer oder doch der Regel nach überlassen ist, ob es schweigen oder sich vernehmen lassen will. Dem auftretenden Staatsanwalte kann doch nicht auch die Fähigkeit zugetraut werden, daß er schon vorher die Gedanken der Richter ergründen und wissen könne, ob sie die in Frage kommenden Rechtsverhältnisse richtig aufgefaßt haben und das Gesetz nun auch richtig anwenden werden. Und weil er diese Fähigkeit nicht hat, so wird er oft sprechen, wo seine Worte mindestens überflüssig sind, und da schweigen, wo es ersprießlich gewesen wäre, zu reden. Eine Gesetzgebung, welche auf die Anhörung des Staatsanwalts, als eines Organs des Gesetzes, also im Interesse und zur Beförderung eines gerechten Richterspruchs, Werth legt, kann es jedenfalls nicht von dem Belieben des Staatsanwalts selbst abhängig machen, ob er diese Förderung leisten will oder nicht. Sie muß dann entweder sein gutachtliches Votum für alle Sachen vorschreiben, oder es dem Beschlusse des Gerichts anheimstellen, ob dieses seine gutachtliche Aeußerung noch für nothwendig oder diensam erachtet.

Mit Recht ist ferner auch schon von Andern (Feuerbach, Frey) auf den Widerspruch aufmerksam gemacht, in welchen die Staatsanwaltschaft in Frankreich in ihrer Eigenschaft als Organ des Gesetzes mit sich selbst tritt, wenn sie auch als **partie principale** zu handeln hat. In letzterer Eigenschaft soll sie als Partei auftreten und ein Partei-Interesse wahrnehmen und vertreten, und gleichzeitig soll sie doch in derselben Sache auch als Organ des Gesetzes sich geltend machen können! Welchen Werth die Konklusionen eines solchen selbst als Partei betheiligten Organs für die richterliche Entscheidung haben können, liegt auf der Hand: keinen andern Werth als die Ausführungen und Anträge jeder andern Partei. Wenn Französische Juristen, diesen Widerspruch an sich zugebend, ihn dadurch heben wollen, daß sie von der Staatsanwaltschaft verlangen, sie solle in derselben Sache nach ihrer doppelten Stellung zuerst als Partei für ihre Sache und dann als das unbefangene Organ des Gesetzes im Interesse der Gerechtigkeit plaidiren, so ist damit wohl ohne Weiteres die Sache verurtheilt; und wenn Merlin (**Questions de droit**) damit uns beruhigen will, daß es „nicht ohne Beispiel sei", daß ein Staatsanwalt, dieser Doppelstellung getreu, in so entgegengesetzter Weise konkludirt habe, so ist der Trost fürwahr ein sehr schwacher.

Sehen wir aber ab von jener Inkonsequenz und diesem Widerspruche, fragen wir, ob es denn überhaupt ein richtiger Gedanke ist, noch neben dem Gerichte eine andere Staatsbehörde in bürgerlichen Rechtssachen als Organ des Gesetzes hinzustellen. Ich glaube es nicht. Für die Rechtsprechung im einzelnen Streitfalle sind die Gerichte die verfassungsmäßigen Organe des Gesetzes, indem sie den Willen des Gesetzes auf den gegebenen Fall zur Anwendung zu bringen und darnach zu entscheiden haben. Daß die Gerichte so eingerichtet und so besetzt seien, daß sie dieser Aufgabe genügen und in ihren Aussprüchen als die wahren Organe des Gesetzes erscheinen, darauf muß die unablässige Sorgfalt der Staatsregierung gerichtet sein. Aber ein zweites Organ des Gesetzes noch neben dem Gerichte? Man sollte denken: Wie die Wahrheit des Gesetzes nur eine sein kann, so könne auch der Staat dafür nur ein Organ einrichten, damit nicht die verschiedenen Organe durch widersprechende Aussprüche über den Willen des Gesetzes dessen wahren Willen unerkennbar machen. Die Staatsanwaltschaft und die Gerichtshöfe sind beide vom Staate eingesetzte Behörden; wenn in derselben Sache die eine als Organ des Gesetzes Erklärungen abgiebt, die andere ebenfalls als Organ des Gesetzes entscheidet, und nun beide nicht übereinstimmen, so ist es im Grunde doch die höchste Staatsgewalt, welche durch den Mund ihrer Behörden in derselben Sache den Willen des Gesetzes in so verschiedener Weise ausspricht. Sicherlich kann es aber nicht im Interesse des Staats liegen, das Vertrauen in die richterliche Gesetzesanwendung, die Achtung, die ihren Urtheilssprüchen gebührt, dadurch zu zerstören oder auch nur zu schwächen, daß noch eine andere Staatsbehörde eine entgegengesetzte Anwendung des Gesetzes für die richtige erklärt.

Ferner: Wenn eine vom Staate eingesetzte Behörde das Organ des Gesetzes darstellen, durch ihren Mund der wahre Wille des Gesetzes sich kund thun soll, so müßte doch den Aussprüchen derselben eine Geltung gesichert sein. Die Vorträge und Anträge aber der Staatsanwaltschaft sind nur Gutachten, an welche das entscheidende Gericht nicht gebunden ist, welche dieses billigen oder verwerfen kann. Heißt das nicht mit andern Worten: obgleich ich, der Staat, eine Behörde eingesetzt habe, welche als Organ des Gesetzes dessen wahren Willen aussprechen soll, so überlasse ich es doch den Gerichten, ob sie diesen Aussprüchen folgen wollen oder nicht?

Ist eine Behörde im Staate so konstruirt und mit solchen Personen besetzt, daß von ihr für die Rechtsprechung, also für die richtige Anwendung des Gesetzes auf den einzelnen Fall, Ersprießliches zu erwarten ist, so mag daran gedacht werden, dieselbe an der Rechtsprechung auch zu betheiligen, sei es, daß sie allein zur Entscheidung von Rechtsfragen berufen werde, oder daß ihre Beamten zusammen mit den Richtern die Urtheile fällen. Aber fehlerhaft muß es erscheinen, eine Behörde, von welcher doch vorausgesetzt wird, daß gerade sie befähigt sei, als Organ des Gesetzes zu gelten, über die Anwendung des Gesetzes blos reden zu lassen, von jeder wirklichen Geltung aber sie dabei auszuschließen.

Wie steht es aber mit der Voraussetzung selbst? Man kann auch sie nicht anerkennen. Die Beamten der Staatsanwaltschaft und die Richter machen überall dieselben Studien; ihre praktische Vorbereitung für den Staatsdienst ist dieselbe, und beide haben auch ziemlich die gleichen Berührungen mit dem Leben des Volks. In Beziehung auf ihren Bildungsgang kann man also den einen keine größere Befähigung zur Anwendung des Gesetzes in bürgerlichen Rechtsstreitigkeiten zuschreiben, als den andern. Was aber den staatsanwaltschaftlichen Beamten ganz fehlt, das sind die Garantien, womit überall die Staatsverfassungen die Stellung der Richter umgeben haben, damit sie in der Uebung ihres Amtes sich unabhängig von äußeren Einflüssen fühlen können. Diese Unabhängigkeit ist stets und mit Recht als ein Haupterforderniß für eine gute Justiz anerkannt worden. Die Beamten der Staatsanwaltschaft aber sollen ihrer ganzen Organisation nach nicht unabhängig, sondern verpflichtet sein, den Befehlen ihrer Vorgesetzten und in höchster Stelle des Justizministers zu folgen. Sie werden außerdem durch ihre sonstige Beschäftigung, namentlich als Ankläger in Strafsachen, mehr daran gewöhnt, Partei zu nehmen, als eine ganz un=

befangene Stellung zu der Sache zu behaupten. Im Allgemeinen sind daher sicherlich die Staatsanwaltschaften nicht diejenigen Behörden, denen mit Recht die hohe Funktion, ein Organ des Gesetzes in bürgerlichen Rechtssachen zu sein, beigelegt werden dürfte. Wenn aber der einzelne bei ihnen angestellte Beamte, wie es gewiß oft der Fall ist, eine hervorragende Befähigung zu solcher Funktion zeigt, so liegt es ja am nächsten, ihn recht bald in einen Gerichtshof als Richter eintreten zu lassen, damit er dort für die richtige Gesetzesanwendung thätig werde.

Die Staatsanwaltschaft als partie jointe hat aber noch andere bedenkliche Seiten. Nach Deutschen Ansichten und Begriffen soll der Staat in die Privat-Rechtsstreitigkeiten seiner Bürger sich nicht weiter mischen, als daß er ihnen den Richter giebt, der den Streit nach den Gesetzen entscheidet, und daß er das Prozeßverfahren in zweckmäßiger Weise gesetzlich ordnet. Vor dem Richter aber soll der Grundsatz der Gleichheit der Parteien gelten. Dieser Grundsatz wird in der That nicht aufrecht erhalten, wenn die Staatsanwaltschaft im Prozesse mit Erklärungen und Anträgen auftritt, welche doch faktisch immer zu Gunsten der einen, und zum Nachtheil der andern Partei lauten müssen. Mag auch die Staatsanwaltschaft dabei sich fest am Boden des Gesetzes halten, mögen ihre Anträge noch so sehr dem Gesetze entsprechen, in der That hilft sie doch der einen Partei gegen die andere; sie hilft ihr auf Kosten des Staats und mit dem Ansehen einer öffentlichen Behörde. Schwerlich wird es den rechtsuchenden Parteien und namentlich dem unterliegenden Theile einleuchten, daß diese Hülfe mit der Forderung einer gleichen Gerechtigkeit für Alle vereinbar sei. Daran aber ist vor allen Dingen gelegen, daß auch im Volke der Glaube nicht erschüttert werde, daß die Staatsregierung im Gebiete der Justizpflege keine andere Zwecke zu verfolgen habe, als daß für Alle eine gleiche Gerechtigkeit geübt werde.

Dieses Bedenken wird ganz besonders angeregt, wenn man diejenigen Sachen in's Auge faßt, in denen nach Französischem Rechte die Staatsanwaltschaft mit ihren Konklusionen sich vernehmen lassen muß. Wenn als solche genannt sind die, welche den Staat, das Staatsvermögen, die Gemeinden und öffentliche Anstalten betreffen, und die, in welchen eine Partei minderjährig ist oder unter Kuratel steht, so kann man doch darüber wohl nicht zweifeln, daß es gerade die Absicht gewesen ist, diesen physischen und juristischen Personen, wenn sie einen Prozeß zu führen haben, durch die Staatsanwaltschaft eine besondere Unterstützung vor Gericht zu gewähren. Mag immerhin diese Unterstützung nur dahin gehen sollen, daß alle Gründe, welche für ihre Sache nach Recht und Gesetz sprechen, gehörig an- und ausgeführt werden, mag auch die Staatsanwaltschaft verpflichtet sein, wenn sie das Recht auf Seiten der andern Partei findet, gegen den Staat, die Gemeinde, den Kuranden zu konkludiren; wird aber der Staatsanwalt es vergessen können, daß seine Thätigkeit hier deshalb beansprucht wird, weil die eine Partei eine Person ist, welcher das Gesetz doch eine besondere Fürsorge widmet? Wird dieser Gedanke ihn nicht vielmehr dahin führen, daß er die für diese Partei sprechenden Gründe mit Eifer erforscht und darlegt, für die Gegenpartei aber nicht die gleiche Sorgfalt an den Tag legt, ihr selbst es überlassend, ihre Rechtszuständigkeiten geltend zu machen? Die Gefahr liegt wenigstens nahe genug.

Für Hannover und die andern Staaten, deren Prozeßordnungen eine Verpflichtung des Staatsanwalts, in gewissen Sachen sich zu erklären, nicht vorschreiben, kann das letztere Bedenken zwar nicht Platz greifen. Aber hier zeigt sich denn auch die völlige Entbehrlichkeit der eingeräumten Befugniß. Obwohl die neue Hannoversche Prozeßordnung nun fast seit zehn Jahren in Anwendung steht und ich während dieser Zeit bei drei verschiedenen Obergerichten angestellt gewesen bin, ist mir noch nicht ein einziger Fall vorgekommen, daß die Staatsanwaltschaft von dieser Befugniß Gebrauch gemacht hätte. Jedenfalls ist auch bei den andern Hannoverschen Gerichtshöfen die gutachtliche Aeußerung der Staatsanwaltschaft bei der Prozeßverhandlung eine sehr große Seltenheit geblieben. Das Gleiche wird mir aus Oldenburg von zuverlässiger Seite bezeugt. Ein Bedürfniß dafür hat sich also jedenfalls nicht gezeigt; sonst würde gewiß der vom Gesetze eröffnete Weg nicht so ganz unbenutzt geblieben sein.

Man hat wohl auch versucht, der Staatsanwaltschaft als partie jointe noch eine andere Eigenschaft als die eines Organs des Gesetzes beizulegen und daraus ihre Berechtigung herzuleiten. Es soll nämlich der Staat, als Vertreter der höhern rechtlichen und sittlichen Ordnung, bei vielen Privatrechtsstreitigkeiten ein Interesse haben, welches, über den Standpunkt der Parteien erhaben, nicht diesen anvertraut werden könne, zu dessen Wahrnehmung vielmehr ein eigenes Organ dem Staate zu Gebote stehen müsse. Die Aufstellung ist etwas unbestimmt und dunkel, und anscheinend liegt auch kein richtiger Gedanke derselben zum Grunde. Wenn es in bürgerlichen Rechtsstreitigkeiten die Aufgabe des richterlichen Amts ist, die Streitfälle nach den Gesetzen zu entscheiden, nicht aber im einzelnen Falle das sittliche Gebot zur Anwendung zu bringen, so muß die Vertretung der sittlichen Ordnung im Prozesse als ein Widerspruch mit dem Zwecke des Prozeßverfahrens erkannt werden. Die höhere rechtliche Ordnung aber besteht im Staate darin, daß seine Gesetze gut sind und daß diese Gesetze in den Gerichtshöfen zur Anwendung kommen; das erstere ist durch die Gesetzgebung zu erstreben, für das letztere muß die Oberaufsicht thätig werden. Eine Umkehrung aber dieser Grundprinzipien würde es sein, wenn man im konkreten Falle die Anwendung des Gesetzes deshalb unterlassen wollte, weil dasselbe einer höhern rechtlichen und sittlichen Ordnung nicht entspräche. Gegen eine solche Auffassung der staatsanwaltschaftlichen Thätigkeit glaubt auch der neueste Schriftsteller über diesen Gegenstand (Berninger l. c. S. 22) sich verwahren zu müssen; er will die Interessen der höhern rechtlichen und sittlichen Ordnung nur in der Richtung vertreten lassen, daß den Gesetzen und der Gerechtigkeit gemäß entschieden werde und andererseits, daß die Gesetze keine unrichtige „und den Staatsinteressen zuwiderlaufende" Auslegung erhalten. Der erstere Zweck jedoch führt uns lediglich zu der Eigenschaft der Staatsanwaltschaft als Organ des Gesetzes — davon ist oben die Rede gewesen — in dem angegebenen fernern Zwecke aber, „daß die bestehenden Gesetze keine den Staatsinteressen zuwiderlaufende Auslegung erhalten", liegt eben jene falsche Auffassung von dem Wesen der Justizpflege. Denn ist nur die Auslegung des Gesetzes eine richtige, so muß sie im einzelnen Falle zur Anwendung kommen, sollte auch ein Interesse des Staats dadurch benachtheiligt werden. Käme aber wirklich ein erhebliches öffentliches Interesse durch die richterliche Gesetzesauslegung in Gefahr, so wird es die Aufgabe der gesetzgebenden Gewalt sein, dem abzuhelfen.

Nun kann es zwar nicht verkannt werden, daß es in jeder Gesetzgebung gebietende und verbietende Normen giebt, welche aus Rücksichten des Gemeinwohls auch im Gebiete des privatrechtlichen Verkehrs der Disposition der Parteien entzogen sind und deren Geltendmachung im Prozesse daher auch nicht von ihrem Belieben abhängen darf. Es ist auch ferner richtig, daß die Pflicht des Richters, diese Bestimmungen von Amtswegen zu berücksichtigen, nicht immer genügt, um deren Anwendung zu sichern, nämlich dann nicht, wenn das faktische Material, worauf jene Normen zu beziehen sind, von den Parteien im Prozesse nicht vorgebracht wird. Für solche Fälle kann es allerdings im öffentlichen Interesse liegen, daß eine Staatsbehörde im Rechtsstreite thätig werde, — aber dann nicht als partie jointe, sondern mit selbstständigen Parteirechten, also als wirkliche Prozeßpartei. Als partie jointe würde sie in dieser Richtung doch wenig nützen können, da sie als solche es nicht in der Hand hätte, selbstständig in thatsächlicher Beziehung vorzugehen. Nur wenn sie als Prozeßpartei, sei es als Klägerin, Beklagte oder Intervenientin, auf die thatsächliche Konstruktion des Rechtsstreits Einfluß hat, wird durch sie die Anwendung solcher, ein öffentliches Interesse bezielenden Gebote und Verbote gesichert werden können. Auf diesen Weg weiset insbesondere auch Gerau im Archive für civile Praxis Bd. 32, S. 338 ff. hin. Ich habe jedoch schon oben bemerkt, daß die Feststellung der hieher zu zählenden Fälle von der Civilgesetzgebung des einzelnen Landes abhängt und die darin begründeten Verschiedenheiten es mindestens sehr bedenklich machen, in einer allgemeinen deutschen Prozeßordnung darüber Bestimmungen zu treffen.

Schließlich komme ich nochmals zurück auf die Erfahrungen, welche man in Hannover und Oldenburg mit der Staatsanwaltschaft als partie jointe gemacht hat. Sie beweisen wohl auf's Klarste, daß für diese Seite der staatsanwaltschaftlichen Thätigkeit in Deutschland kein Bedürfniß vorhanden ist. Das ist auch mehrfach selbst von Beamten der Staatsanwaltschaft gegen mich ausgesprochen. Wie gegenwärtig hier die Sache liegt, darf man dreist behaupten, daß die Anwendung des Civilrechts und selbst der Civilprozeßgesetze dem sonstigen Geschäftskreise dieser Beamten viel zu fern bleibt, als daß von ihrem Eingreifen in die Verhandlung der bürgerlichen Streitsachen ein irgend erheblicher Nutzen für die richtige Entscheidung erwartet werden könnte. Wollte man aber, um sie in diesen Rechtsgebieten in lebendiger Uebung zu erhalten, die jetzt geltende Befugniß zur Abgabe gutachtlicher Erklärungen in eine Verpflichtung dazu umwandeln, so hätte man denn auch die zwei — praktisch nicht unwichtigen — Punkte noch zu bedenken, nämlich erstens, daß das Personal der Staatsanwaltschaften dazu ganz erheblich vermehrt werden müßte, und zweitens, daß das Plaidiren der Staatsanwaltschaft auch für die Gerichte einen Mehraufwand an Zeit zu Wege bringt, was schließlich auch zu einer Vermehrung des Richterpersonals führen müßte.

Dieselben Gründe, welche dem Vorstehenden nach gegen die Betheiligung der Staatsanwaltschaft als partie jointe an der Verhandlung der Hauptsache sprechen, gelten auch hinsichtlich ihrer Betheiligung an der Verhandlung derjenigen Incidentpunkte, bei denen das französische Recht und andere Gesetzgebungen ihre Erklärung oder ihre Anträge fordern (demande en désaveu, Gesuche um Restitution u. s. w.). Denn auch dabei handelt es sich um Partei-Interessen und Rechte, welche nach den Gesetzen zu entscheiden sind, und dazu bedarf es der Dazwischenkunft der Staatsanwaltschaft nicht. (Makower in der Deutschen Gerichtszeitung de 1861 Nr. 36 und 37.)

Besondere Berücksichtigung scheinen hier jedoch zweierlei Fälle zu verdienen, theils diejenigen, in denen es sich darum handelt, erst den Richter zu finden, welcher die Sache entscheiden soll (Kompetenzkonflikte unter mehren Gerichten, Behinderung des zuständigen Gerichts), und theils die Erledigung der Requisitionen auswärtiger Behörden, wenn es dabei auf die Beobachtung der Reziprozität ankommt. In Betreff der ersteren Fälle ist wohl auf deren Charakter als Justizpolizeisache hingewiesen, um die Einwirkung der Staatsanwaltschaft zu rechtfertigen, und hinsichtlich der letztern darauf, daß über die Frage der Reziprozität nicht der Richter, sondern nur die Staatsregierung urtheilen könne. Letzteres ist ohne Zweifel richtig, aber damit noch nicht die Nothwendigkeit einer staatsanwaltschaftlichen Betheiligung gegeben, da die entscheidende Erklärung doch nur vom Justizminister erfolgen und von diesem durch das requirirte Gericht selbst eingeholt werden kann. Was aber die justizpolizeiliche Eigenschaft jener andern Fälle betrifft, so wird es dabei ganz wesentlich auf die Verfassung und Gesetzgebung des einzelnen Landes ankommen. Wo die Hebung von Kompetenzkonflikten und bei Behinderung des zuständigen Gerichts die Bestimmung eines andern Gerichts in die Hand des obern Gerichts gelegt ist und dieses nicht nach Zweckmäßigkeitsgründen, sondern nach positiven Normen die Entscheidung zu geben hat, da tritt der Charakter einer Justizpolizeisache ganz zurück und das Recht der Partei in den Vordergrund. Wenn aber für diese Fragen nicht im voraus gesetzliche Normen gegeben sind, oder diese den Rücksichten der Zweckmäßigkeit offenen Raum lassen, da wird es allerdings sich empfehlen, die Staatsanwaltschaft zur Erledigung jener Anstände thätig werden zu lassen. Dann aber wird auch hier nicht von einer Thätigkeit als partie jointe zu reden sein, sondern ihr eine selbstständigere Stellung einzuräumen sein.

§. 6.

3. Das Bestreben des Französischen Rechts, die Thätigkeit des Gerichts auf die Entscheidung der einzelnen ihm vorgetragenen Streitpunkte zu beschränken, hat auch dahin geführt, alle im Prozesse sich ergebenden geschäftlichen Beziehungen der Gerichte unter sich oder mit andern Behörden durch die Staatsanwaltschaft vermitteln zu lassen. Die Deutschen Staaten aber, welche im Uebrigen die Staatsanwaltschaft der Französischen nachgebildet haben, sind hierin dem Muster entweder gar nicht gefolgt, oder haben (wie Hannover) sehr bald die staatsanwaltschaftliche Vermittelung wieder aufgegeben. Ich glaube, mit gutem Grunde. Denn theils ist doch in der That nicht abzusehen, wie die Stellung des Gerichts als rechtsprechende Behörde dadurch gefährdet werden kann, daß es selbst die zur Ausführung seiner Beschlüsse erforderlichen Requisitionen und andre Schreiben erläßt. Theils aber liegt es zu Tage, daß der Umweg durch die Staatsanwaltschaft die Arbeit, namentlich die Schreiberei, erheblich vermehrt, neue Kosten und Verzögerungen verursacht. Auch kann eine unrichtige Auffassung des Gerichtsbeschlusses oder ein sonstiges Versehen dabei jedenfalls leichter vorkommen, wenn die Ausführung des Beschlusses noch wieder der Vermittelung einer andern Behörde anvertraut ist, als wenn das beschließende Gericht selbst sich direkt an die ausführende Stelle zu wenden hat.

In Hannover ist es von keiner Seite bedauert, daß diese staatsanwaltschaftliche Thätigkeit wieder aufgehört hat, am wenigsten aber von den Staatsanwaltschaften selbst, welche an diesem „Briefträgerdienste" kein Gefallen fanden.

Etwas anders liegt wohl die Sache, wenn Zustellungen im Auslande oder durch die öffentlichen Blätter zu machen sind. Ob dabei eine Vermittelung der Staatsanwaltschaft zweckmäßig ist, scheint davon abzuhängen, wie im Uebrigen der Schriftenwechsel unter den Parteien, die Zustellung von Ladungen und sonstigen Mittheilungen an sie besorgt werden. Wird dabei, wie in Frankreich und Hannover, das Gericht selbst gar nicht thätig, haben allein die Parteien selbst, entweder direkt (von Anwalt zu Anwalt) oder durch die Gerichtsvoigte alle Arten von Zustellungen zu machen, so ist es auch ganz konsequent, die Gerichte nicht ausnahmsweise für die Zustellungen im Auslande oder durch öffentliche Blätter in Thätigkeit zu setzen. Dann wird es am nächsten liegen, die bei diesen Zustellungen regelmäßig nöthige Vermittelung einer Behörde durch die Staatsanwaltschaften gewähren zu lassen. Hat dagegen, wie im gemeinrechtlichen Prozeßgange, der Richter überhaupt die Vermittelung der Geschäftsverbindung der Parteien in seiner Hand, so ist natürlich auch kein Grund vorhanden, dieselbe in jenen zwei besondern Fällen ihm abzunehmen.*)

4. Die Bewilligung des Armenrechts für einen Prozeß ist eine dem Berufe des Richteramts ganz fremde Thätigkeit. Deshalb und weil gar leicht durch eine nach vorgängiger Prüfung der Sache vom Richter ausgesprochene Bewilligung oder Verweigerung des Armenrechts seine Unbefangenheit bei der nachherigen Entscheidung der Streitsache gefährdet werden kann, ist es sehr zu wünschen, daß der Richter davon befreit bleibe. Die Prozeßordnungen von Hannover, Oldenburg und Braunschweig stimmen darin überein, daß diese Funktion den Staatsanwaltschaften zugewiesen ist, und das hat in diesen Ländern, wie ich nicht anders weiß, ungetheilten Beifall gefunden.**)

Auch die Einziehung einstweilen annotirter Kosten durch die Staatsanwaltschaft erscheint durch die Rücksicht gerechtfertigt, daß es der Stellung

*) Da die Prozeßordnungen von Oldenburg und Braunschweig hierin dem gemeinen Rechte folgen, so kennen sie auch für die Zustellungen im Auslande und durch öffentliche Blätter eine Vermittelung der Staatsanwaltschaft nicht.

**) Makower in der Deutschen Gerichts-Zeitung de 1861 Nr. 37 verwirft auch in dieser Beziehung die Thätigkeit der Staatsanwaltschaft. Er übersieht aber, daß es sich hier um eine Thätigkeit handelt, welche außerhalb des Prozeßverfahrens liegt und den Richter als solchen gar nicht angeht.

des Richters nicht entspricht, zugleich als Fiskal der Sportelmasse thätig werden zu müssen.

5. Was sodann die sogenannte Richtigkeitsbeschwerde im Interesse des Gesetzes betrifft, so kann darüber wohl kein Zweifel sein, daß dieselbe, wenn sie selbst angenommen würde, in die Hand der Staatsanwaltschaft gelegt werden müßte. Allein die Einrichtung selbst scheint mir gar nicht empfehlenswerth zu sein.

Da diese Beschwerde auf den entschiedenen Rechtsstreit und für die Parteien niemals eine Wirkung hat, das darüber ergehende Urtheil auch nicht einmal im Rechtspunkte für künftige gleiche Fälle eine den Richter bindende Autorität beanspruchen kann, so besteht ihre ganze Bedeutung nur in der Herbeiführung einer nachträglichen Kritik des rechtskräftigen Urtheils, und zwar einer Kritik, welche vom höchsten Gerichtshofe in der Form eines Richterspruches geübt wird. Trotz dieser Form kann sie nur durch die überzeugende Kraft ihrer Gründe wirken, also nicht mehr leisten, als was auch jede andere theoretische Erörterung zu leisten vermag. Solche bloß kritisirende Arbeit ohne praktische Bedeutung für den speziellen Fall kann, wie schon von Andern bemerkt ist (Deutsche Gerichtszeitung de 1861, Nr. 37), nicht zu den Aufgaben des Richteramts gehören, da dieses gerade zur Entscheidung bestimmter Streitsachen berufen ist. Am wenigsten aber ist dabei die Form des richterlichen Urtheils, welches, wenn der Beschwerde stattgiebt, die vorangegangene Entscheidung vernichtet, zu billigen. Denn in der That ist die Vernichtung eines Richterspruchs, welcher in seiner vollen Geltung als vollstreckbares Urtheil bestehen bleibt, nur eine widerspruchsvolle Phrase.

Ein näheres Eingehen auf das Prinzipwidrige dieser Einrichtung, wenn dabei die Zwecke der Justizpflege in's Auge gefaßt werden, möchte hier nicht am Platze sein. Darauf aber darf noch hingewiesen werden, daß die Nichtigkeitsbeschwerde zur Wahrung des Gesetzes im allernächsten Zusammenhange mit der Stellung der Staatsanwaltschaft als partie jointe — als Organ des Gesetzes — steht und nur als ein Ausfluß dieser Stellung erscheint. Vielleicht ist selbst die Annahme nicht unbegründet, daß diese Nichtigkeitsbeschwerde vorzugsweise zu dem Zwecke eingeführt ist, um der Staatsanwaltschaft, wenn sie in der Stellung der partie jointe im Prozesse auftritt, doch einigen Halt den Gerichten gegenüber zu geben.*)

---

*) Darauf weiset insbesondere der §. 15 der Braunschweigischen Prozeßordnung hin, wo es heißt: „Finden die Bemerkungen und Ansichten des Staatsanwalts keine Berücksichtigung, so kann er — — dem Oberstaatsanwalte Anzeige machen, damit dieser — — die Aufhebung nichtiger Erkenntnisse beim Kassationshofe beantrage.“

Jedenfalls werden die, welche die Staatsanwaltschaft als **partie jointe** verwerfen, auch diesen einzelnen Ausfluß, die Nichtigkeitsbeschwerde im Interesse des Gesetzes, nicht befürworten können.

6. Daß eine gewisse Dienstaufsicht auch in Beziehung auf den Geschäftsbetrieb der Anwälte, Gerichtsschreiber und Vollziehungsbeamten von der Staatsanwaltschaft geübt werde, ist ohne Zweifel als zweckmäßig anzuerkennen. Aber die Grenzen dieser Aufsicht und die daraus für die Staatsanwaltschaft herzuleitenden Befugnisse können weder für alle diese Personen, noch für alle Deutschen Staaten gleichmäßig festgestellt werden, da einerseits die Stellung der gedachten Funktionäre unter sich zu verschieden ist und andererseits ihre Organisation in den einzelnen Staaten die größten Abweichungen darbietet. Deshalb erscheint es auch kaum möglich, eine allgemein zutreffende Antwort auf die Frage zu geben, ob und welche einzelne Prozeß-Funktionen auf Grund dieser ihrer Dienstaufsicht der Staatsanwaltschaft etwa einzuräumen sein möchten, und diese Schwierigkeit ist in gleicher Weise vorhanden, mag man dabei an solche Funktionen denken, durch welche ein pflichtmäßiges Handeln jener Personen im einzelnen Falle herbeigeführt werden, oder an solche, durch welche ein pflichtwidriges Handeln wieder aufgehoben werden soll. Im Allgemeinen jedoch wird man auch hier davon auszugehen haben, daß, wo es sich um Partei-Interessen und Rechte handelt, die im Prozeßgange vor dem Richter geltend zu machen sind, auch den Parteien selbst die Wahrung ihrer Zuständigkeiten überlassen bleiben muß. (Die Thätigkeit der Staatsanwaltschaft im Disciplinarwege bleibt dabei unberührt.)

Hinsichtlich der Exekutionsbeamten mögen jedoch andere Rücksichten dann überwiegend werden, wenn die Zwangsvollstreckung überhaupt nicht durch die Gerichte angeordnet und geleitet wird. Wird letzteres, wie in Frankreich und Hannover, als Grundsatz angenommen, wird festgestellt, daß die Gerichte nur in bestimmten Fällen zur Entscheidung gewisser Streitpunkte in der Exekutions-Instanz berufen sind, so mag es auch räthlich sein, der Staatsanwaltschaft eine für den einzelnen Fall wirksame Thätigkeit zur Erreichung eines pflichtmäßigen Geschäftsbetriebes dieser Beamten zu übertragen, also z. B. Beschwerden über Verzögerungen, Gebührenüberschreitungen und dergl. durch sie erledigen zu lassen. Bleibt dagegen die Leitung der Zwangsvollstreckung in der Hand der Gerichte, so wird auch kein Grund vorliegen, diesen die Verfügung darüber zu nehmen.

Das Resulat der vorstehenden Betrachtungen ist demnach Folgendes:

1. Der Staatsanwaltschaft, als einem Organe der Oberaufsicht, wird zweckmäßig auch für die bürgerliche Justizpflege eine überwachende

und vermittelnde Thätigkeit -- jedoch ohne die Befugniß zum Eingreifen in den einzelnen Prozeßfall — angewiesen. Damit sie die Ueberwachung ausüben kann, ist ihr das Recht zu gewähren,

allen Gerichtssitzungen, auch wenn die Oeffentlichkeit ausgeschlossen ist, jedoch nicht den Berathungen der Richter beizuwohnen, und

jederzeit die Mittheilung der Akten zu verlangen.

Die nähern Bestimmungen aber darüber, in welcher Weise sie als Organ der Oberaufsicht thätig zu werden hat, können nicht allgemein, sondern nur mit Rücksicht auf die Dienstorganisation in den einzelnen Staaten getroffen werden.

2. Es ist nicht zu empfehlen, der Staatsanwaltschaft als Organ des Gesetzes eine Thätigkeit im Prozesse zur Pflicht zu machen, oder auch nur zu gestatten.

3. Sie ist vielmehr im Prozesse nur in der Eigenschaft einer Prozeßpartei zuzulassen. Wann sie aber als solche auftreten kann, richtet sich nach der Civilgesetzgebung der einzelnen Staaten und bleibt von dieser abhängig.

4. Es ist auch nicht zweckmäßig, die Vermittelung der im Prozesse sich ergebenden Geschäftsverbindung der Gerichte unter sich oder mit andern Behörden ihr zu überweisen.

5. Ob sie bei Zustellungen im Auslande oder durch öffentliche Blätter — imgleichen bei den im Auslande auszuführenden Zwangsvollstreckungen — als Vermittlerin thätig werden soll, wird davon abhängen, ob überhaupt die prozessualischen Zustellungen, bez. die Zwangsvollstreckungen der gerichtlichen Anordnung und Leitung entzogen werden.

6. Die Ertheilung des Armenrechts im Prozesse und die Einziehung annotirter Kosten ist zweckmäßig in die Hand der Staatsanwaltschaft zu legen.

7. Daß auf Grund einer von ihr zu führenden speziellen Dienstaufsicht über die Geschäftsführung der Anwälte, Gerichtsschreiber und Vollziehungsbeamten einzelne prozessualische Funktionen ihr anvertraut werden, ist im Allgemeinen nicht zu empfehlen. Eine Ausnahme kann hinsichtlich der Geschäftsführung der Vollziehungsbeamten dann räthlich werden, wenn die Gerichte der Leitung der Zwangsvollstreckungen enthoben werden.

E.

Gutachten des Justizraths Advokat-Anwalts König in Cleve.

Die ständige Deputation des Deutschen Juristentags hat mich ersucht, meine Meinung über folgende Fragen zu äußern:

> Soll die Thätigkeit der Staatsanwaltschaft auch auf bürgerliche Rechtsstreitigkeiten ausgedehnt werden? und wie weit?

Ich will diesem Ersuchen nachkommen, wobei ich jedoch voraussetze, daß es meine Aufgabe nicht sein soll, jene Fragen wissenschaftlich unter Bezugnahme auf die darüber bereits bestehende Literatur und unter Berücksichtigung der in den verschiedenen Gesetzgebungen bestehenden Vorschriften in ihrem ganzen Umfange und erschöpfend zu erörtern. Eine solche wissenschaftliche Arbeit würde mehr Zeit erfordern, als ich bei meiner Beschäftigung als Rechtsanwalt entbehren kann; dieselbe würde auch eine derartige Ausdehnung gewinnen müssen, daß sie schwerlich zu einem Abdruck in den Verhandlungen des dritten Juristentags sich eignen würde; zudem existiren für denjenigen, der sich in diesen Fragen vollständig orientiren will, sehr gute wissenschaftliche Werke, und noch vor Kurzem ist bei Ferdinand Enke in Erlangen eine vortreffliche Monographie von dem Staatsanwalt Berninger zu Eisenach erschienen, in welcher gerade mit Rücksicht auf eine gemeinsame Deutsche Civilprozeßordnung in sehr eingehender Weise und namentlich unter Beschreibung der Art, wie die Staatsanwaltschaft im Französischen und Hannöverschen Civilprozesse eine Stelle gefunden hat, der Gegenstand besprochen worden ist.

In der Preußischen Rheinprovinz, welcher ich angehöre, zweifelt Niemand daran, daß die Thätigkeit des Staatsanwalts auch in bürgerlichen Rechtsstreitigkeiten in sehr umfassender Weise nicht nur zulässig, sondern durchaus zweckmäßig und fast unentbehrlich sei. Ob dieses in demselben

Umfange auch für den künftigen gemeinsamen Deutschen Civilprozeß der Fall sein wird, ist abhängig von der Vorfrage, wie sonst das Prozeßverfahren, wie die Justizorganisation, wie die Stellung der Richter, der Rechtsanwälte und der übrigen im Prozesse thätigen Personen beschaffen sein wird. Wenn ich aber auch nur folgende Voraussetzungen mache:

1. daß für das Strafverfahren das Institut der Staatsanwaltschaft unangefochten besteht, und
2. daß für den Civilprozeß in Gemäßheit der Beschlüsse der beiden ersten Juristentage
   a) der Schwerpunkt der Entscheidung in der öffentlichen und mündlichen Verhandlung liegen, und
   b) vor kollegialischen Gerichten die Vertretung der Parteien durch Rechtsanwälte obligatorisch und das Verfahren wesentlich auf der Verhandlungsmaxime beruhen soll,

so nehme ich keinen Anstand, mich dahin zu erklären, daß auch in bürgerlichen Rechtsstreitigkeiten dem Staatsanwalt eine Stelle anzuweisen sei, und daß das Minimum seiner Thätigkeit darin bestehen muß:

1. daß in den öffentlichen Sitzungen der kollegialischen Gerichte stets ein Staatsanwalt zugegen sein, und
2. daß es demselben gestattet sein soll, nach den Vorträgen der Rechtsanwälte und vor dem Urtheile seine Ansicht über die in seiner Gegenwart verhandelte Sache zu äußern.

Ich halte diese beiden Sätze auseinander, weil sie meines Erachtens nicht zusammenfallen. Gewöhnlich wird zwar das Letztere angenommen; man glaubt, der Staatsanwalt müsse eben nur zugegen sein, um nöthigenfalls am Schlusse der Sache sein Requisitorium halten zu können. Diese Ansicht ist aber nicht ganz richtig. Auch wenn dem Staatsanwalt nicht gestattet wäre, Vortrag in der Sache zu halten, so würde doch schon die Anwesenheit des Staatsanwalts für sich allein von großem Werthe sein. Es ist mir beim Lesen der bis jetzt vorliegenden Gutachten und Monographien vorgekommen, als wenn zu wenig der Umstand berücksichtigt ist, daß für die Strafrechtspflege der Staatsanwalt dasjenige Organ bildet, welches zu verfolgen und anzuklagen hat; gerade wegen dieses Umstandes ist es im höchsten Grade heilsam, daß der Staatsanwalt den Sitzungen auch der Civilgerichte beiwohnt. Es giebt Verbrechen, die hauptsächlich nur im Laufe der Prozesse begangen werden, z. B. Meineide der Parteien oder Zeugen, Gebrauch falscher Urkunden. Andere strafbare Handlungen treten bei den prozessualischen Verhandlungen am häufigsten wenigstens zu Tage und würden ohne dieselben verborgen bleiben; ich hebe in dieser Beziehung nur den

„Betrug“ und den „Wucher“ hervor. Die Folge der Abwesenheit eines Staatsanwalts würde sein, daß solche strafbare Handlungen unverfolgt blieben, wenn man nicht den Richtern das Verfolgungsrecht einräumte; das Letztere würde dem Prinzip widersprechen, daß nicht der Richter, sondern der Staatsanwalt die strafrechtliche Verfolgung anregen soll. Es hat die Anwesenheit des Staatsanwalts auch den wohlthätigen Einfluß, daß dadurch unnützen Angebereien und Denunziationen vorgebeugt wird. In Preußen, wo die Staatsanwälte den Civilsitzungen nicht beiwohnen, werden diese die Erfahrung bezeugen können, daß derjenige, welcher in Folge eines Parteieides oder von Zeugenaussagen den Prozeß verliert, in der Regel nicht unterläßt, seinen Gegner oder die Zeugen des Meineides zu beschuldigen und beim Staatsanwalt sein Heil zu suchen. Der Staatsanwalt, welcher dem Civilprozeß nicht beigewohnt hat, wird sich nicht entziehen können, in der ihm unbekannten Sache große Denunziationsprotokolle aufzunehmen, Informationen einzuziehen, Zeugen zu vernehmen 2c., während er, wenn er bei Verhandlung des Civilprozesses zugegen gewesen wäre, in den meisten Fällen in der Lage sein wird, den Werth der Denunziation sofort zu durchblicken. Wenn auf diese Weise die Anwesenheit des Staatsanwalts frivolen Denunziationen vorbeugt, so verhütet sie auf der anderen Seite auch die Begehung mancher Verbrechen; die Partei, welche den Wächter des Strafgesetzes neben sich sieht und bemerkt, daß er dem Gange des Prozesses folgt, wird ganz gewiß weniger leicht dazu übergehen, einen Meineid zu begehen, oder eine unechte Urkunde vorzulegen, oder einen falschen Zeugen vorzuführen.

Von nicht minderer Bedeutung ist die Anwesenheit des Staatsanwalts deshalb, weil er das Staatsorgan bildet, welches das Verhalten der Anwälte und Advokaten insofern überwacht, als er bei Fehlern gegen die Disziplin bei den kompetenten Behörden die Rüge zu provoziren hat. Je freier die Stellung der Anwälte und Advokaten sein soll, desto nothwendiger ist als Korrektiv gegen den Mißbrauch dieser Freiheit die Anwesenheit jenes Staatsorgans in der öffentlichen Sitzung. Das Eine bedingt das Andere. Ist, wie in der Preußischen Gerichtsordnung, der Rechtsanwalt weniger frei gestellt, die Leitung des Prozesses mehr in die Hand des Richters gelegt, und wird dem Anwalt durch Verfügungen des Richters sein Weg angegeben, so mag das Bedürfniß eines ihn überwachenden besonderen Organs weniger vorhanden sein; ist dagegen die Prozeßbehandlung, wie das bei einem den Schwerpunkt in die mündliche Verhandlung legenden Verfahren nicht anders denkbar ist, lediglich den Rechtsanwälten anzuvertrauen, dann ist es gerade das Verhalten in der öffentlichen Sitzung, welches von dem Auge der Staatsanwaltschaft beobachtet und überwacht sein muß. Der Rechtsanwalt kann sich dann um so freier bewegen. Fehlt der Staatsanwalt, so wird der Richter diesen Wächter machen müssen; dieser würde hiebei nothwendig in Konflikte mit dem Rechtsanwalt gerathen, bei welchen der Letztere, der in seinem Ankläger auch seinen Richter vor sich hätte, im ungleichen Kampfe stets unterliegen müßte. Ganz anders ist es, wenn neben den Richtern der Wächter auch der Disziplin auf besonderem Platze sitzt. Nimmt derselbe Anträge gegen den Anwalt, so hindert diesen nichts, mit voller Freiheit und Unabhängigkeit vor dem Richter, welcher dem Standpunkte des Anklägers entrückt ist, zu plaidiren.

Nicht minder wichtig ist es, daß auch der Richter in seiner Funktion durch den anwesenden Staatsanwalt sich bewacht fühlt, und die den Französischen Gerichtsverhandlungen mit Recht nachgerühmte Würde und das zwischen Richtern und Advokaten dort an den Tag gelegt werdende rücksichtsvolle Verhalten haben ganz gewiß auch in der Anwesenheit der Staatsanwaltschaft zum großen Theil ihren Grund.

Es kommt ferner in Betracht, daß gerade durch die gewissermaßen öffentlich ausgeübte Kontrole die bei weitem gehässigeren sonstigen Revisionen und Visitationen überflüssig gemacht werden. Es giebt keine weniger kränkende Weise der Ausübung der strafgerichtlichen Polizei und der disziplinarischen Kontrole als die, welche lediglich darin besteht, daß der Staatsanwalt den Civilsitzungen beiwohnt. Und dennoch ist sie vielleicht die sicherste. In diesen Sitzungen entrollt sich vor den Augen des Staatsanwalts das Bild der Rechtsverletzungen, welche den Gerichtseingesessenen Veranlassung zu Klagen gegeben haben; hier hat er Gelegenheit, im Laufe der Prozedur zu ermitteln, ob jene Rechtsverletzungen in das Gebiet des Strafrechts hinübergeführt haben; hier giebt sich mehr, wie irgendwo anders, bei den Anwälten zu erkennen, ob und was an ihnen ist; hier kommen die Urkunden der Notarien und sonstiger Beamten zu Tage; kurz hier ist gewissermaßen der Markt, wo Alles in das Rechtsleben hineinschlagende zur Schau kommt. Deshalb darf der Staatsanwalt, dasjenige Organ, welches das Strafbare aufsuchen und bei dessen Entdeckung die actio publica erheben soll, nicht fehlen. Diese actio publica gehört freilich nicht vor den Civilrichter als solchen; es befindet daher der Staatsanwalt, wenn er von diesem Gesichtspunkt aus der Civilsitzung beiwohnt, sich weniger in einer civilprozessualischen Thätigkeit; es ist vielmehr diese Thätigkeit ein Ausfluß und eine Konsequenz der dem Staatsanwalt zugewiesenen Befugniß der Anklage. Er tritt in Bezug auf den Civilprozeß nicht aktiv auf; er verhält sich passiv; er sieht und hört zu, beobachtet, sammelt &c.; er fungirt gewissermaßen als Kriminal-Staatsanwalt, und zwar offen und ehrlich; er schöpft aus der reinen Quelle der öffentlichen gerichtlichen Verhandlungen; wollte man ihn hier vertreiben, so würde man ihm seine gesundeste Lebensader abschneiden, man würde den öffentlichen Ankläger zwingen, das Material für seine Wirksamkeit auf unzuverläßigeren Wegen zu suchen, und ihn zu dem gehässigen System der Angebereien und des Spionirens hindrängen.

Uebrigens sei hier noch bemerkt, daß der Staatsanwalt von diesem seinem Standpunkte als Inhaber des Anklageamts aus möglicherweise auch beim Civilrichter Anträge stellen kann, über welche dann auch dieser zu erkennen hat. Ob und wann dieses eintreten kann, hängt von sonstigen Bestimmungen des Gesetzes ab. So z. B. bildet nach Französischem Rechte in Bezug auf diejenigen Disziplinarvergehen, welche von den Anwälten und Advokaten während der Sitzung begangen werden, das Civilgericht den Disziplinarhof, und es wird also der Staatsanwalt Disziplinaranträge stellen können; ferner, um nur noch einen Fall beispielsweise anzuführen, bestimmt der Art. 239 der Französischen Prozeßordnung, daß in dem Falle, wenn sich in einem Civilprozesse über die Echtheit einer als falsch angegriffenen Urkunde Anzeigen einer Fälschung gegen noch lebende Personen ergeben, der Präsident des Civilgerichts wider die Beschuldigten einen Vorführungsbefehl erlassen kann, woraus sich ergiebt, daß der Staatsanwalt in die Lage kommen kann, diese Beschuldigung zu erheben und den Antrag auf Erlassung des Vorführungsbefehls zu stellen. —

Ist nach der bisherigen Ausführung die Nothwendigkeit der Anwesenheit des Staatsanwalts bei der mündlichen Verhandlung im Civilprozesse aus seiner Stellung als Kriminal-Staatsanwalt hergeleitet und dargethan, so kann es, dünkt mich, um so weniger Bedenken haben, ihm auch für den Civilprozeß direkt diejenige Thätigkeit zuzuweisen, welche ihm nicht nur in der Französischen, sondern auch in den Prozeßordnungen von Hannover Braunschweig und Oldenburg zugetheilt ist. Nach diesen Prozeßordnungen hat der Staatsanwalt nach Beendigung der Vorträge der Anwälte und Advokaten das Recht, sich über die in seiner Gegenwart verhandelte Sache zu äußern. Es wird durch diesen Vortrag der Staatsbehörde in der faktischen Lage der Sache nichts geändert; der Richter hat nur über die Petita, welche die Vertreter der Parteien gestellt haben, zu erkennen. Der Staatsanwalt stellt kein besonderes Petitum; er giebt nur sein Votum darüber ab, wie nach Lage der Sache zu erkennen sei; er hat gewissermaßen ein votum consultativum, welches er in Gegenwart der Parteien öffentlich abgiebt. Die Franzosen drücken dieses Verhältniß des Staatsanwalts im Gegensatz zu den Parteien, welche die Hauptpersonen des Prozesses, les parties principales, bilden, dahin aus, daß derselbe als „partie jointe“ auftrete. Der Staatsanwalt ist hier überhaupt nicht Partei; er schließt sich in seinem Votum nur den Anträgen der einen oder andern Partei an.

Das Gesetz vom 24. August 1810, Tit. VIII. Art. 2 bestimmt in dieser Beziehung:

> „les commissaires du roi, exerceront au civil leur ministère non par voie d'action, mais seulement par celle de requisition dans les procés, dont les juges auront été saisis.“

Es liegt diesem Auftreten des Staatsanwalts als „partie jointe“ der Gedanke zum Grunde, daß auch da, wo es sich nur von Mein und Dein handelt, neben dem Interesse der streitenden Subjekte auch noch ein allgemeines, objektives, Interesse dafür besteht, daß das Recht und die prozessualische Ordnung zur Wirklichkeit gelange. Das Organ zur Wahrung dieses Interesse soll eben der Staatsanwalt sein. Es tritt auf diese Weise in die Mitte zwischen den vom Parteistandpunkte gehaltenen Vorträgen der Rechtsanwälte und dem Richterspruch ein die Sache ohne alles Parteiinteresse objektiv beleuchtender Vortrag. Es erfolgt ein solcher Vortrag selbstverständlich nur, wenn die faktische Verwickelung der Sache oder die Wichtigkeit der zur Sprache kommenden Rechtspunkte es erfordert; und es ist dieses eine, wenn auch nicht nothwendige, doch höchst nützliche und heilsame Einrichtung; die Erfahrung lehrt, daß dieselbe in der Regel zur Aufklärung der Sache beiträgt. Wenn Frey in seiner bekannten Schrift über die Staatsanwaltschaft referirt, daß er bei den Pariser Civilgerichten bemerkt, wie beim Beginn der Vorträge des Staatsanwalts die Richter mit Ausnahme des Präsidenten Langeweile an den Tag gelegt hätten, so ist dieses, wie Berninger mit Recht behauptet, deshalb für unsere Frage ohne alle Bedeutung, weil derselbe Schriftsteller auch sagt, daß er bei den Pariser Gerichten gefunden, daß auch während der Vorträge der Advokaten die Richter vor den Augen des Publikums geschlafen, Zeitungen gelesen rc., und daß ihm überhaupt die Richter mit Ausnahme der Präsidenten unbedeutend und untauglich vorgekommen seien. Die Schuld der Langeweile lag also entweder an Paris, oder an der Untauglichkeit der sich langweilenden Richter, nicht aber an dem Vortrag der Staatsbehörde, wie dieses schon daraus hervorgeht, daß der Präsident, das allein bedeutende Mitglied des Gerichts, dem Vortrag Aufmerksamkeit schenkte. Mit großem Unrecht legt daher Plathner (vergl. dessen Gutachten, S. 112 der Verhandlungen des zweiten Deutschen Juristentags) auf dieses Zeugniß des Frey besonderes Gewicht. Es widerspricht dieses Zeugniß aber auch der allgemeinen Erfahrung. Die Beamten der Staatsanwaltschaft sind in der Regel schon deshalb, weil sie öffentliche Vorträge zu halten verpflichtet sind, die begabtesten Juristen; da sie nur in faktisch verwickelteren oder juristisch interessanteren Sachen das Wort zu nehmen pflegen, so stehen sie meistens auf einer nicht gewöhnlichen Höhe der wissenschaftlichen Ausbildung. Gerade diese Beschäftigung mit der Civiljurisprudenz giebt daher dem Institut der Staatsanwältschaft eine höhere Weihe. Der Staatsanwalt, welcher sich blos mit Kriminalien beschäftigt, wird einseitig, er hört auf, Civiljurist zu sein, und wird in civilibus zum Stümper. Diese Folge tritt selbstredend dann und wann auch bei seinem Auftreten als Kriminal-Staatsanwalt zu Tage, da auch in Strafsachen bisweilen civilrechtliche Vorfragen zur Erörterung kommen können. Dazu kommt, daß der Staatsanwalt, wenn er sich blos mit Strafsachen beschäftigt, leicht verlernt, die Dinge unparteiisch und von allen Seiten abzuwägen. Es mag immerhin wahr sein, daß der Staatsanwalt auch als Ankläger sich nicht rein als Partei zu betrachten hat; es kann doch nicht geleugnet werden, daß schon die Form des Akkusationsverfahrens im Kriminalprozeß, ihn dahin bringt, sich mehr oder weniger auf einer Seite zu halten und sich hieran zu gewöhnen. Gerade hiegegen bildet seine eben hervorgehobene Thätigkeit im Civilprozeß ein passendes Korrektiv. Hier bildet er das Organ, welches, ohne Partei zu sein, vom rein objektiven Standpunkte aus nach den Parteivorträgen resumirt. Unzweifelhaft scheint es mir daher, daß diese Thätigkeit im Civilprozeß von der wohlthätigsten Rückwirkung auf seine Beschäftigung im Strafprozesse ist.

Schließlich bemerke ich noch, daß nach Französischem Rechte der Staatsanwalt auch als Prinzipalpartei mitunter auftritt; er kann in fiskalischen Civilprozessen den Fiskus vertreten; auch giebt es gewisse Prozesse, z. B. das Interdiktionsverfahren, in welchen er vermöge seines Amts als Provokant agiren kann. Es widerspricht meines Erachtens ein solches Auftreten als partie principale jener höheren Stellung, welche ihn über die Parteien stellt. Dieses wird auch allgemein gefühlt, so daß es z. B. ganz außer Gebrauch gekommen ist, ihn den Fiskus vertreten zu lassen. —

F.

Gutachten des Staatsanwalts Schloß in Korneuburg (Oesterr.)

Die Entwicklung der Civilrechtspflege in Deutschland hat mit dem Fortschreiten des Strafverfahrens leider nicht gleichen Schritt gehalten. Während das öffentliche und mündliche Verfahren in Strafsachen sich beinahe überall (die Ausnahmen sind meines Wissens Mecklenburg, die Hansestädte und die beiden Lippe) eingebürgert hat, werden bürgerliche Rechtssachen im größeren Theile unseres Vaterlandes bei sorgfältig geschlossenen Thüren an schwer mit Akten beladenen Tischen entschieden. Wo aber das Licht der Oeffentlichkeit und die Wohlthat der Unmittelbarkeit (Mündlichkeit) fehlt, da findet die Staatsanwaltschaft keinen Platz. Daher mag es auch kommen, daß von so vielen Juristen die Staatsanwaltschaft als die Anklagebehörde in Strafsachen und nur als solche betrachtet, und ihre Betheiligung im Civilverfahren als etwas Fremdartiges angesehen, oder als etwas Ueberflüssiges angefochten wird.

Nur daraus ist es erklärlich, wie überhaupt die Frage: „Soll die Thätigkeit der Staatsanwaltschaft auch auf bürgerliche Rechtsstreitigkeiten und inwiefern ausgedehnt werden?“ aufgeworfen werden konnte. Vom Standpunkte jener Länder, welche seit längerer Zeit im Besitz eines wahrhaft mündlichen und öffentlichen Verfahrens sind, stellt sich die Frage wohl eher folgendermaßen: „Kann die Thätigkeit der Staatsanwaltschaft im Civilverfahren entbehrt werden und inwiefern?“

Der Umstand, daß die Staatsanwaltschaft, lange bevor sie als Anklagebehörde auftrat, im Civilverfahren wirksam war (Frey, die Staatsanwaltschaft), und ein Blick auf die bestehenden Gesetzgebungen wird die Richtigkeit dieser Bemerkung darthun.

Wir wollen zum Behufe einer mehr übersichtlichen Darstellung den Wirkungskreis, welcher in Frankreich, in den unter Französischem Rechte stehenden Deutschen Landestheilen, dann in Hannover der Staatsanwaltschaft (ministère public) im Civilverfahren angewiesen ist, unter einem dreifachen Gesichtspunkte betrachten.

A. Stellung der Staatsanwaltschaft als Prozeßpartei.

B. Als Wächter des Gesetzes und als Aufsichtsbehörde.

C. Als Behörde für gerichtliche Verwaltung.

A. Stellung als Prozeßpartei.

Nach dem Französischen Verfahren tritt die Staatsanwaltschaft entweder als Hauptpartei (parte principale), oder als Nebenpartei (partie jointe) auf. Der wesentliche Unterschied besteht darin, daß sie im erstern Falle alle Parteirechte genießt, Beweise anbieten, Berufung ergreifen, nicht rekusirt werden und nur, wenn sie die Reihe trifft, das Wort ergreifen kann. Auch darf sie nur in den vom Gesetze ausdrücklich bestimmten Fällen als Hauptpartei auftreten. Diese Fälle sind folgende: Das ministère public tritt klagend als Hauptpartei auf zur Erwirkung der Interdiktion wegen Unzurechnungsfähigkeit, wenn dies die Verwandten unterlassen; zur Bestellung eines Kurators gegen Verschwender; zur Richtigkeitserklärung von Ehen; gegen einen mit Substitution Beschwerten, wenn er die gesetzlichen Verfügungen unterläßt; auf Inskription stillschweigender Hypotheken zu Gunsten der Ehefrauen und Mündel; dann auf Legung von Rechnungen und Zahlung gegen Rendanten des Kirchenvermögens.

Als geklagte Hauptpartei erscheint die Staatsbehörde bei Klagen der Ehemänner und Vormünder auf Beschränkung von Hypotheken zu Gunsten der Ehefrauen und Mündel, und bei dem Verfahren pto. Abwesenheitserklärung. Endlich vertritt die Staatsanwaltschaft den Regenten in Sachen der Kron-Domainen und der Civilliste.

(In Rheinpreußen durch Dekret vom 26. September 1845.)

Als Nebenpartei. Hier müssen wieder die Fälle unterschieden werden, wo die Staatsbehörde mit ihren Anträgen vernommen werden muß, von denjenigen, in welchen sie auftreten kann.

Ersteres ist nach Französischem Recht der Fall bei Angelegenheiten, die den Staat, Gemeinde, öffentliche Anstalten, Minderjährige, Interdizirte, Abwesende, nicht autorisirte Ehefrauen, Legate und Geschenke für Arme und die Verleihung des Armenrechts betreffen; ferner bei Fälschungs- und Mißbilligungsklagen, bei Vergleichung der Handschriften, bei Personalarrest, bei Güterabtretungen, bei Verkauf von Immobilien von den Benefiziat-Erben, bei Regreßklagen gegen Richter, bei Kompetenzfragen zwischen Verwaltungs-Behörden, bei Rekusation von Richtern und Kunstverständigen, bei Klagen auf Wiedereinsetzung in vorigen Stand, bei Einreden im Subhastationsverfahren, in Sachen, welche den Personalstand und Vormundschaft betreffen, bei Klagen auf Ehescheidung und Trennung von Tisch und Bett, bei Besitzergreifung von Erbschaften durch den überlebenden Ehegatten, endlich bei allen Sitzungen des Kassationshofes.

In Hannover, wo die Staatsanwaltschaft nie als Hauptpartei einschreitet, muß sie als Nebenpartei gehört werden in Sachen, welche die öffentliche Ordnung, den Staat, die Gemeinde, das Kirchen- und Klostergut, die öffentlichen Anstalten und alle milden Stiftungen betreffen, bei Streitigkeiten zwischen Anwälten, Advokaten, Notaren und Gerichtsvoigten mit ihren Mandanten, in Personalstandsachen, wo es sich um Ablehnung von Gerichtspersonen, um Regreßklagen gegen solche und um Zuständigkeit handelt, bei Restitutionsklagen, wenn eine Partei unter Vormundschaft oder Kuratel steht, endlich wenn die Falschheit einer Urkunde behauptet wird.

Bei allen übrigen Civilverhandlungen ist die Staatsanwaltschaft sowohl nach Französischem als nach Hannoverschem Verfahren berechtigt, zu interveniren und die frühere Mittheilung der Akten zu verlangen.

Dies Alles hat jedoch bei den Einzelgerichten (Friedensgerichten, Amtsgerichten) und bei den Ausnahmsgerichten keine Geltung.

In nichtstreitigen Angelegenheiten ist nach Französischem Rechte die Staatsanwaltschaft zu vernehmen: bei wichtigern Beschlüssen des Familienrathes, wenn die mangelnde Geburtsurkunde durch einen Notariatsakt supplirt werden soll, und bei Adoptionen. Sie hat bei Verlassenschaften in gewissen Fällen die Siegelanlegung und bei erblosen Verlassenschaften die Aufstellung eines Kurators zu betreiben, die Eröffnung des Testaments, wenn die Erben abwesend sind, zu veranlassen und bei der Inventur gegenwärtig zu sein.

So zahlreich auch alle vorstehend aufgeführten Fälle sind, in welchen die Staatsanwaltschaft gehört werden muß, so lassen sie sich doch leicht in zwei Hauptklassen drängen:

1) In solche, welche die öffentliche Ordnung berühren, und
2) in solche, wobei Personen betheiligt sind, denen der Staat eine besondere Fürsorge angedeihen lassen will.

Obgleich die Hilfe des Civilrichters in der Regel nur zur Entscheidung über Mein und Dein angerufen wird, so hat derselbe doch auch oft einen Ausspruch zu fällen in Angelegenheiten, bei denen es sich um solche Rechte handelt, deren Geltendmachung nicht durchaus der Privatwillkür oder doch nicht blos der Willkür der eben einschreitenden Personen überlassen bleiben kann, wobei es im öffentlichen Interesse liegt, daß zur Kenntniß des rechtsprechenden Gerichts alles Dasjenige gelange, was eine gesetzmäßige Entscheidung herbeizuführen geeignet ist. Da es jedoch unvereinbar mit der Stellung des Richters ist, ihm die Sammlung des nöthigen Materials zu überlassen, so muß man sich nach einem hierzu tauglichen Organe umsehen. Als ein solches ist die Staatsanwaltschaft vermöge ihres Ursprungs, ihrer Stellung als Wächter des Gesetzes und Vertreter der gesellschaftlichen Ordnung einzig und allein geeignet.

Die Staatsanwaltschaft soll meiner Meinung nach daher obligatorisch bei sonstiger Nichtigkeit interveniren:

Bei Verhandlungen über Trennung oder Ungiltigkeit der Ehe und über Scheidung von Tisch und Bett, da die Folgen, welche die Ungiltigkeitserklärung und die gänzliche oder zeitweise Trennung der Ehe nach sich ziehen, nicht nur das sittliche Prinzip im Allgemeinen berühren, sondern auch folgereich bei Beurtheilung der Ehelichkeit der Geburt, der Vererbung von Fideikommissen u. s. w. sind. Aehnliches gilt bei Adoption, Legitimation und beim Verfahren über Ehelichkeit der Geburt.

Bei Todeserklärungen; denn durch einen solchen Akt, wodurch der Vermißte seines Vermögens für verlustig erklärt, der überlebende Ehegatte zur Schließung einer neuen Ehe berechtigt wird und neue Rechtsverhältnisse begründet werden, hat der Staat die Pflicht, dafür zu sorgen, daß dies nicht geschehe ohne sorgfältige Prüfung derjenigen Umstände, welche die Vermuthung des erfolgten Todes rechtfertigen.

Endlich bei Interdiktion wegen Geisteskrankheit oder Verschwendung, indem der Ausspruch, daß Jemandem die Ausübung der wichtigsten Privat- und öffentlichen Rechte entzogen werden soll, als Eingriff in die Rechtssphäre eines Staatsbürgers die öffentliche Ordnung im hohen Grade berührt.

In solchen Fällen erscheint nun allerdings das Einschreiten der Staatsanwaltschaft als das beste Mittel, die Erreichung jener Zwecke zu fördern, welche das Gesetz hier vor Augen hat.

Was die Art und Weise der Betheiligung bei solchen Angelegenheiten betrifft, so soll sie meines Erachtens im Streitverfahren sowohl als Kläger wie als Geklagter mit allen Parteirechten und ohne jedweden Vorzug vor Privatparteien auftreten können; im nichtstreitigen Verfahren soll sie mit ihren Anträgen gehört werden, das Recht haben, Beweismittel namhaft zu machen und deren Prüfung zu verlangen, sowie Berufung einzulegen; denn die Betheiligung der Staatsanwaltschaft in den oben angeführten Fällen als bloße Nebenpartei erscheint mir nicht hinreichend zur Wahrung jener Interessen, welche sie vertreten soll.

Entschieden muß ich mich dagegen aussprechen, daß die Staatsanwaltschaft als Vertreter des Fiskus oder anderer Korporationen oder Parteien auftreten soll. Dies steht mit ihrer Aufgabe in so grellem evidenten Widerspruch, daß eine weitere Erörterung füglich unterbleiben kann.

Aber auch den gewiß wohlgemeinten Bestimmungen der Französischen und Hannoverschen Gesetzgebung, daß die Staatsanwaltschaft dort, wo Personen betheiligt sind, denen der Staat eine besondere Fürsorge angedeihen lassen will, interveniren muß, kann ich nicht beipflichten.

Als Obervormundschaftsbehörde hat der Staat dafür zu sorgen, daß für gewisse einzelne oder moralische Personen Vormünder, Kuratoren aufgestellt werden, und da mag die Staatsanwaltschaft als Aufsichtsbehörde, wie später erörtert wird, mitwirken. Ist dies aber geschehen, so haben die Vertreter solcher Personen das einseitige Interesse ihrer Partei zu wahren, und bedürfen letztere keines weiteren Schutzes als die übrigen Staatsbürger. Vielmehr wäre es eine offenbare Ungerechtigkeit, wenn z. B. der Gegner eines Pupillen in einer gewöhnlichen Privatrechtsangelegenheit immer die einflußreiche Staatsanwaltschaft zu bekämpfen hätte.

Nun komme ich zur Beantwortung der Frage: Soll die Staatsanwaltschaft berechtigt sein, bei allen Civilverhandlungen als Nebenpartei zu interveniren?

Die Einwände gegen diesen Zweig staatsanwaltschaftlicher Wirksamkeit sind folgende:

Es wird mehrseitig (unter Andern von Marschner, Umgestaltung des Civilprozesses, Leipzig 1849) hervorgehoben, daß die Rechtsgleichheit verletzt erscheint, wenn der Staatsanwalt bei gewissen Rechtssachen einer Partei schützend zur Seite stehen würde.

Doch mit Unrecht. Die Betheiligung des Staatsanwalts (als Nebenpartei) ist ja eben keine Vertretung einer Partei, sondern die objektive Darstellung des Sachverhalts in der Rechtsfrage.

Ein weiterer Einwand besteht darin, daß die Mitwirkung der Staatsanwaltschaft Verzögerung herbeiführt.

Es lehrt jedoch die Erfahrung (Bomhardt, die Civilrechtspflege in der Bayerischen Pfalz, München 1861), daß fast immer die Gutachten in der öffentlichen Sitzung sogleich abgegeben werden, und nur in sehr seltenen Fällen wird die Sitzung über Antrag des Staatsanwalts auf 6—8 Tage verschoben.

Als Hauptargument gegen die Betheiligung der Staatsanwaltschaft wird endlich angeführt, daß dieselbe nicht unumgänglich nothwendig sei. Dieses ist, streng genommen, kein Einwand. Denn wenn Alles beseitig werden soll, was zum Behufe der Entscheidung der Streitsache nicht absolut nothwendig ist, so ließen sich viele wohlthätige Bestimmungen aus der Prozeßordnung ausscheiden, wie z. B. Oeffentlichkeit, die Rechtsmittel u. s. w. Im Sinne der Gesetzgebung ist Alles nothwendig, was zur Herstellung einer guten Justizpflege zweckmäßig erscheint und dem keine wichtige Bedenken hindernd im Wege stehen.

Solche Bedenken konnten aber nicht vorgebracht werden, so bemerkbar sich auch das Bestreben dafür von mancher Seite manifestirt hat (Makower, Deutsche Gerichtszeitung 1861, Nr. 36 und 37). Zweckmäßig ist aber die Intervention der Staatsanwaltschaft allerdings; denn sie hat als Wächter des Gesetzes dafür zu sorgen, daß die Gesetze gehörig gehandhabt werden, und ist das Organ der obersten Aufsichts- und Verwaltungs-Behörde, wie im Verlaufe des Gutachtens erörtert werden wird.

Zu diesem Behufe ist ihre stete Anwesenheit bei den Gerichtssitzungen nothwendig, um dort, wo sie eine Verletzung des Gesetzes in irgend einer Richtung wahrnimmt, das Wort zu ergreifen, und um eine ununterbrochene Einsicht in die Geschäftsführung der sogenannten ministeriellen und Civilstandsbeamten nehmen zu können. Der parteilose, objektive, blos die richtige Anwendung des Gesetzes bezweckende Vortrag des Staatsanwalts ist gewiß geeignet, die Rechtsfindung zu erleichtern. Der Staatsanwalt wägt das Für und Wider ohne persönliches Interesse ab, und ist bestrebt, die Wahrheit zur Geltung zu bringen.

Es wird auch kein Staatsanwalt wagen, in der öffentlichen Sitzung in Gegenwart des Gerichtshofes und der Parteien sowie eines mehr oder minder großen Publikums, aus was immer für einem Grunde, einseitigem Parteiinteresse das Wort zu legen. Es möge mir hier gestattet sein, auf das obenerwähnte Werk Bomhardt's zurückzukommen.

Der Verfasser schildert, gestützt auf eine mehr als zwanzigjährige Erfahrung als Richter und Staatsanwalt, in beredter und überzeugender Weise die Vortheile und den Erfolg der staatsanwaltschaftlichen Thätigkeit im Civilprozesse.

So Seite 80:

„Das wahrhaft erhebende und lohnende, wenngleich auch schwierigste Feld für die Thätigkeit des Staatsanwalts ist diese Abgabe seiner Gutachten in der öffentlichen Civil-Sitzung nach dem Schluß der Parteivorträge. Da zeigt sich in glänzender Weise sein heilsamer Einfluß. Zwei Anwälte haben wechselsweise den ganzen Schatz ihrer Schärfe, ihres Talents entwickelt. Da erhebt sich der Beamte der Staatsbehörde. Sein Standpunkt ist nicht der des Parteiinteresses. Er hat kein anderes, er hat keinen andern Zweck, als den Sieg der Wahrheit, der Gerechtigkeit; er beleuchtet den Gang des Prozesses, die Leitung durch die Parteien, zerlegt, würdigt jede thatsächliche Behauptung, entwirrt, wenn die Parteivertreter Interesse gehabt haben sollten, das thatsächliche Verhältniß zu verwickeln, das Knäuel, entwickelt geschichtlich, wissenschaftlich den Buchstaben und Geist des Gesetzes, durchdringt, erörtert jede wesentliche Behauptung der einen, der andern Seite, und begründet zuletzt seine eigene Anschauung von der Sache.

Es ist der edle Stolz der Beamten der Staatsbehörde, die Parteivertreter in gründlicher, klarer Entwickelung der Thatsachen, in wissenschaftlicher Erörterung des Rechtspunkts zu übertreffen, der Betrachtung der Sache einen höhern, ihrer Stellung würdigen Standpunkt abzugewinnen.

Wehe aber, wenn nicht Alles rein in einer Sache ist! — Dann werden die Prozeßränke, die Verzögerungen, die wahrheitswidrigen Ableugnungen und Widersprüche schonungslos an's Licht gezogen, wird dem ränkesüchtigen Schuldner, dem streitsüchtigen Nachbar, dem pflichtvergessenen Familienvater sein Bild im Spiegel der Religion und Sitte vorgehalten. Niemals kann dies der Gegner einer Partei mit solchem Erfolge zur Genugthuung für Recht und Wahrheit thun, denn er steht selbst auf dem Standpunkte der Partei; niemals mit gleicher Wärme der Richter, denn für ihn ziemt sich die größtmöglichste Objektivität; er soll nur kaltes, ruhig abgewogenes, nüchternes Recht sprechen, und darf niemals in Gefahr gerathen, durch größere Wärme in den Anschein irgend einer Parteinahme zu verfallen. Aber welcher Antrieb liegt hinwiederum in diesem edlen Wettkampfe für das Richteramt seinerseits, durch ausgezeichnete Arbeiten nicht nur nicht zurückzustehen, sondern über Parteien und Staatsanwaltschaft hervorzuragen!

Dieses Verhältniß ist ein weiterer gewichtiger Faktor für den Charakter größerer Wissenschaftlichkeit des Pfälzischen Verfahrens. Glaube man indessen nicht, daß die Vorträge der Beamten der Staatsbehörde, weil sie wärmer für Wahrheit und Recht sprechen, in gewöhnliche oder verletzende Ausfälle ausarten.

Vor dieser Klippe bewahrt den Beamten der Staatsbehörde wieder die Oeffentlichkeit, die Würde und Höhe seines Standpunkts und der Mangel des Parteiinteresses.

Aber es durchdringt diese Vorträge allerdings in der Regel eine warme Begeisterung für den Sieg des Rechts, eine Kraft der Wahrheit, die wohlthuend auf den Zuhörer wirkt und das Herz erhebt bei der Betrachtung, wie alle edlen und bessern Kräfte sich vereinen, dem Rechte den Sieg zu verschaffen, und alle noch so mühevollen Versuche nicht im Stande sind, die Wahrheit zu verdunkeln.

Diese Mitwirkung der Staatsbehörde im Pfälzischen Verfahren ist es, die im Vereine mit der Oeffentlichkeit und Mündlichkeit ihm den ausgeprägten Charakter tiefer Sittlichkeit aufdrückt, durch den es hoch über jedem andern Prozeßverfahren steht. —"

Und Seite 77. „In der Pfalz ist das Volk gewöhnt, in dem Staatsanwalte nicht blos den Verfolger zu sehen, sondern auch denjenigen, der über seinem Rechte des Mein und Dein wacht, der gegen Uebervortheilungen, gegen Verzögerungen des Rechts und dergl. Hülfe schafft. Dort ist er dem schlichten Bürger und Bauern der zuverlässigste Berather, bei welchem er sich, wenn er über sein Recht bei Gerichtsboten, Notaren und Advokaten Auskunft gesucht hat, gar oft noch zu allerletzt die Beruhigung erholt, daß ihm auch das Richtige an die Hand gegeben worden sei. Die Familie, deren Angehöriger von dem Staatsanwalte vor dem Strafgerichte mit aller Kraft verfolgt wurde, sucht bei demselben Staatsanwalte mit vollstem Vertrauen Rath und Hülfe in ihren Civilrechtsangelegenheiten."

Hoffentlich werden beim nächsten Juristentage Mitglieder aus jenen Ländern, denen das öffentliche und mündliche Verfahren eigen ist, ihre durch die Erfahrung gewonnene Anschauung gewissenhaft mittheilen, und dadurch ohne Zweifel nicht wenig dazu beitragen, daß der Standpunkt, welchen dieses Gutachten in der angeregten Frage einnimmt, zur allgemeinen Geltung gelange.

B. Die Staatsanwaltschaft als Wächter des Gesetzes und als Aufsichtsbehörde.

Hierher gehört die sowohl nach Französischem als Hannoverschem Rechte eingeräumte Befugniß der Nichtigkeitsbeschwerde zur Wahrung des Gesetzes. Selbstverständlich werden die Rechte der Parteien durch den Erfolg dieser Beschwerde nicht berührt. — Es unterliegt wohl keinem Zweifel, daß die Rechtseinheit etwas Wünschenswerthes ist, und daß alles, was dieselbe befördert, berücksichtigt werden muß.

Allein fragen wir uns: Ist die Nichtigkeitsbeschwerde zur Wahrung des Gesetzes geeignet, die Erreichung dieses Zweckes zu sichern, und sind die Nachtheile — falls der Zweck auch erreicht wird — nicht größer als der Gewinn. Die Staatsanwälte oder General-Prokuratoren, besonders von Staaten von größerm Umfange, kommen nicht leicht in die Kenntniß von der Verschiedenheit der Rechtsansichten. Ja es ist der Fall denkbar, daß ein Staatsanwalt dasjenige anficht, was ein anderer Staatsanwalt in der Nichtigkeitsbeschwerde behauptet. Nur dann, wenn — was unausführbar ist — dem Staatsanwalte beim Kassationshof alle Entscheidungen der untern Gerichte bekannt gegeben würden, ließe sich einiger Erfolg erwarten.

Man darf auch nicht den Aussprüchen des höchsten Gerichtshofes ein zu großes Gewicht beilegen. Solche Judikate bleiben immer nur Einzelentscheidungen, und für künftige Fälle nicht bindend. Wirksamer wird die Rechtseinheit durch die Oeffentlichkeit des Verfahrens und durch die juristische Presse gefördert. Sehen wir aber von diesen Einwürfen ab und nehmen wir an, die Nichtigkeitsbeschwerde erfülle, wenigstens theilweise, ihren Zweck, so hat doch der Erfolg im einzelnen Falle etwas das Rechtsgefühl geradezu Verletzendes. Vom höchsten Gerichtshofe wird ein Urtheil als null und nichtig, als ungesetzlich aufgehoben, und dasselbe Urtheil wird gleichzeitig vom untern Richter in Vollzug gesetzt, nöthigenfalls die Zwangsvollstreckung eingeleitet.

Durch solches Verfahren können die Gerichte in den Augen des Volkes an Ansehen nicht gewinnen.

Ich muß mich daher gegen das Recht der Staatsanwaltschaft, die Nichtigkeitsbeschwerde zur Wahrung des Gesetzes zu erheben, aussprechen.

Weitere Befugnisse der Staatsanwaltschaft als Wächter des Gesetzes und als Aufsichtsbehörde sind:

Nach Französischem Rechte hat die Staatsanwaltschaft überhaupt zu wachen, daß die Gesetze gehörig angewendet werden, daher ihre Anwesenheit bei jeder Gerichtssitzung und das Recht, jederzeit das Wort zu ergreifen (partie jointe), daher die Pflicht, wenn Mißbräuche einzuschleichen drohen, eine Plenarsitzung des Gerichtshofes zu veranlassen und Anträge zu stellen, worüber Beschluß gefaßt werden muß. Aus dieser Stellung fließt es auch, daß der General-Prokurator beim Appellhofe jährlich in feierlicher Sitzung einen Vortrag zu halten hat, worin der Gang der Rechtspflege im vergangenen Jahre geschildert wird, und über Mißbräuche Anträge gestellt werden.

Die Staatsbehörde hat zu wachen, daß die Gerichte den Kreis ihrer Thätigkeit nicht ungesetzlich erweitern, und bei entstandenen Kompetenz-Konflikten Anträge zu stellen.

Es steht ihr die Ueberwachung des innern Dienstes der Gerichtsbehörden zu. Auf Disziplinarstrafen kann nur nach Anhörung des Staatsanwaltes erkannt werden, und ein solches Erkenntniß bedarf noch der Bestätigung des Appellhofes, an welchen es durch den General-Prokurator gelangt.

Die Staatsanwaltschaft hat die Aufsicht über die ministeriellen Beamten. Hiezu gehören Anwälte, Notare, Gerichtsvollzieher und Gerichtsschreiber, Bürgermeister als Civilstandsbeamte und Friedensrichter als Beamte der freiwilligen Gerichtsbarkeit.

In Hannover. An die Staatsanwaltschaft werden Beschwerden wegen

Justizverweigerung und Verzögerung gerichtet, worüber Anträge zu stellen sind, nach Umständen an den Justizminister zu berichten ist. Sie hat das Aufsichtsrecht über Anwälte, und erscheint als vorgesetzte Behörde der Gerichtsvoigte. Dies letztere derart, daß sie auf Ordnungsstrafen erkennen kann (§. 582 K.-P.-O. und Ministerial-Reskript v. 31. Dezember 1855). Es steht ihr das Recht zu, gegen die vom Gerichte festgesetzten Gebühren Beschwerde einzulegen (Ges. v. 8. November 1850, §. 12); endlich ist sie verpflichtet, wenn Sachen, welche vor Verwaltungsbehörden gehören, bei Gericht anhängig gemacht wurden, die Anzeige an das betreffende Ministerium zu machen. (Ges. v. 26. Januar 1856.)

Die Wirksamkeit der Staatsanwaltschaft als Aufsichtsbehörde ist so Manchem ein Dorn im Auge, und die wenn auch nicht immer eingestandene Ursache vieler gegen sie gerichteten Angriffe.

Ich frage, wem anders gebührt das Aufsichtsrecht über gerichtliche oder ministerielle Beamte, als der obersten Justizverwaltungsbehörde, dem Justizministerium? und wer anders ist seinem Ursprunge, seinem innern Wesen und seiner Organisation nach gleich geeignet, diese Aufsicht im Namen des Ministers auszuüben, als die untere Justizverwaltungsbehörde, die Staatsanwaltschaft?

Ich will der Deutschen Anschauung über Kontrole und Aufsichtsrechte gern die Konzession machen, und die nach Französischem Rechte von dem Staatsanwalte monatlich vorzulegenden Präsenztabellen über Innehaltung der Sitzungszeit und Anwesenheit der Richter, sowie die Verfassung von Qualifikationstabellen beseitigt wissen.

Alle übrigen Verrichtungen der Staatsanwaltschaft aber als Aufsichtsbehörde, sowohl nach Französischem als nach Hannoverschem Rechte, sind meiner Ansicht nach für das Gedeihen einer geordneten und schleunigen Rechtspflege geradezu unentbehrlich, und können vom Gerichtshofe selbst auch nicht annäherungsweise auf so zweckmäßige Art ausgeübt werden.

Denn einerseits soll die Aufgabe des Richters nur die eigentliche Rechtsprechung sein, andererseits steht der schwerfällige kollegiale Organismus des Gerichtshofes und die daraus entspringende Schwierigkeit, das Aufsichtsrecht erfolgreich zu üben, und den Gang der Rechtspflege nach allen Richtungen gehörig zu beobachten, hindernd im Wege.

Unterziehen wir diesen Theil des staatsanwaltschaftlichen Dienstes in einigen Richtungen einer nähern Betrachtung, so wird sich nicht schwer erweisen lassen, daß gerade diese Thätigkeit, statt Angriffspunkte darzubieten, den äußern Einfluß und den wahren Werth dieses Institutes ins klarste Licht stellt.

Es liegt im Interesse einer geordneten Rechtspflege, daß weder eine

Angelegenheit der Beurtheilung des ordentlichen Richters entzogen werde, noch daß die Gerichte den Kreis ihrer Thätigkeit ungesetzlich erweitern. Darum soll die Staatsanwaltschaft verpflichtet und berechtigt sein, in dieser Richtung Anträge zu stellen und bei Kompetenzkonflikten gehört zu werden.

Fühlt sich Jemand gekränkt durch Rechtsverweigerung oder Verzögerung, so ist es gewiß naturgemäßer, daß er sich an die Staatsanwaltschaft, als an das Gericht — hier Partei — wendet.

Die Staatsanwaltschaft soll Anträge hierüber an das betreffende Gericht, nach Umständen an das höhere Gericht stellen.

Ebenso soll meines Erachtens der Antrag der Staatsanwaltschaft erforderlich sein zur Einleitung des Disziplinarverfahrens, sowie ihre weitere Mitwirkung bei Durchführung desselben. Die Analogie mit dem Strafverfahren und die Gründe, warum bei demselben die Staatsanwaltschaft nicht entbehrt werden kann, dann der Umstand, daß es geboten erscheint, einem nicht zum Verbande des Gerichtes gehörigen und von demselben unabhängigen Organe die Mitwirkung zu sichern, dürften diese Bestimmung rechtfertigen. Derselbe Grund ist vorhanden bei Beschwerden, beziehungsweise Disziplinaruntersuchungen gegen Notare, Anwälte, Gerichtsvollzieher, Bürgermeister als Civilstandsbeamte, und Friedensrichter.

Das Institut der Notare, denen theilweise Amtshandlungen der freiwilligen Gerichtsbarkeit überlassen sind, und deren Akte vom Gesetze als öffentliche Urkunden betrachtet werden, muß in fleckenloser Reinheit erhalten werden, damit diese wohlthätige Einrichtung nicht grobes Unheil anrichte. Deshalb ist die Ueberwachung von Staatswegen unerläßlich. Aehnliches gilt von Anwälten, von Bürgermeistern als Civilbeamten, und von Friedensbeamten als Beamten der freiwilligen Gerichtsbarkeit.

Das Institut der Gerichtsvollzieher, huissiers, in Hannover Gerichtsvoigte, ist eins der vorzüglichsten Mittel zur Vereinfachung und Beschleunigung der Prozeßführung.

Bei der ganz selbständigen Stellung der Gerichtsvollzieher ist eine beständige, genaue Ueberwachung dringend geboten.

Dieselbe besteht hauptsächlich in Einsichtsnahme in die verschiedenen von ihnen zu führenden Register, in Entgegennahme von Beschwerden wegen Taxüberschreitung, Verzögerung u. s. w. und in gütlicher Austragung dieser Beschwerden; nach Umständen ist auf Ordnungsstrafen oder Disciplinaruntersuchung anzutragen.

Die Staatsanwaltschaft, welche in so verschiedenen Richtungen im Civilverfahren intervenirt, ist auch am Besten in der Lage, über den Gang der Rechtspflege ein gegründetes unparteiisches Urtheil zu fällen. Die von den Gerichten verfaßten und vorgelegten Ausweise werden regelmäßig zur befriedigenden Kenntniß genommen und von den Obergerichten häufig mittels eines an alle Gerichtshöfe gerichteten, gleichlautenden belobenden Dekretes erledigt. Dem Justizminister muß aber daran gelegen sein, über den Gang der Justizpflege und über Mängel in deren Ausübung oder in den Gesetzen selbst eingehende Aufschlüsse zu erhalten, damit er im Wege der Verordnung oder Gesetzgebung die nöthige Abhilfe schaffen kann.

Keinesfalls sollte daher regelmäßige Berichterstattung an den General-Prokurator oder Ober-Staatsanwalt, beziehungsweise an den Minister unterlassen werden.

C. Die Staatsanwaltschaft als Organ der gerichtlichen Verwaltung.

Nach Französischem Rechte liegt der Staatsanwaltschaft ob die Führung der Korrespondenz mit allen Gerichts- und andern Behörden, Zustellungen an Ausländer und Erlassung von Edikten. Sie intervenirt bei Prüfungen, welche zur Erlangung einer Justizbedienstung nothwendig sind.

Der Generalprokurator macht die Vorschläge Behufs Ernennung der Notare, Anwälte und der Gerichtsschreiber bei den Friedensgerichten. Er ernennt die Gerichtsvollzieher und hat gemeinschaftlich mit dem Präsidenten des Appellhofes die Vorschläge rücksichtlich der Ernennung der richterlichen Beamten zu verfassen.

Der Staatsanwalt und der Landesgerichts-Präsident haben die Mitglieder vorzuschlagen, welche als Instruktionsrichter vom Justizminister bestellt werden. Die Staatsanwälte haben die statistischen Tabellen und Geschäftsausweise zu verfassen; es steht ihnen die Bewilligung des Armenrechtes zu; sie berichten über Gnadengesuche; endlich haben sie auch die Rechnungen über Baulichkeiten, Beheizung und dergl. zu prüfen und dem Justizminister vorzulegen, sowie eine Menge anderer administrativer Geschäfte zu verrichten.

In Hannover. Der Staatsanwalt ertheilt die Bewilligung, Akten einzusehen und Abschriften zu nehmen; er bewilligt das Armenrecht und veranlaßt die Einbringung der Kosten vom Gegner der das Armenrecht genießenden Partei, oder von dieser selbst, wenn sie zu Vermögen gelangt. Von der Staatsanwaltschaft werden auch die Zustellungen an Parteien, welche im Auslande wohnen, verfügt, die Edikte erlassen und mehrere ähnliche Geschäfte besorgt.

Was die Betheiligung der Staatsanwaltschaft bei Prüfungen, Besetzungsvorschlägen und dergl. betrifft, so dürften die diesfälligen Vorschriften kaum von irgend einer Seite ernstlich angefochten werden. Hinsichtlich der übrigen Verrichtungen der Staatsanwaltschaft als Organ für die gerichtliche Verwaltung wird der einzige Einwand erhoben, daß derlei Geschäfte vom Gerichte ebenso gut besorgt werden können. —

Es kann Niemandem entgehen, daß dort, wo das Civilverfahren auf natürlicher gesunder Basis — Mündlichkeit — beruht, das Bestreben bemerkbar ist, die richterliche Thätigkeit auf ihre Hauptaufgabe, auf die Rechtssprechung zu beschränken. Läßt sich dies auch nicht ganz vollkommen durchführen, so soll man doch soviel als möglich den Richter seinem eigentlichen Berufe nicht entziehen, ihn nicht mit zeitraubenden Arbeiten überhäufen, und vorzeitig seine Thatkraft erlahmen machen. Dies kann aber nur dadurch verhindert werden, wenn man ihm alle diejenigen Geschäfte abnimmt, welche nicht in die eigentliche Sphäre der Rechtssprechung fallen. Die Beamten der Staatsanwaltschaft sind durch die einfachere, nicht kollegiale Organisation ihres Institutes und durch ihren steten persönlichen Verkehr mit Notaren, Gerichtsvollziehern, Bürgermeistern u. s. w. in der Lage, solche Arbeiten weit schneller zu verrichten. Bis das einfachste Schriftstück beim Gerichtshofe aus dem sogenannten Einlaufsprotokoll zum Referenten, und von diesem durch die Hand des Präsidenten zur Expedition gelangt, vergeht ein Zeitraum, der gewöhnlich in keinem Verhältnisse mit der Sache, um die es sich handelt, steht, und werden so viele Personen beschäftigt, als höchst wahrscheinlich im ganzen Parquet der Staatsanwaltschaft nicht zu finden sind.

Nachdem auch die Erfahrung gelehrt hat, daß die Verwendung der Staatsanwaltschaft für derlei Verwaltungsgeschäfte einen wohlthätigen Einfluß, sowohl auf die Beschleunigung des Verfahrens, als auch auf die Verminderung des Standes der Beamtenzahl im Allgemeinen ausgeübt hat, so muß ich mich auch dafür erklären.

Im Vorstehenden glaube ich dem ehrenden Auftrage der ständigen Deputation des Deutschen Juristentages so gut, als es in meinen Kräften stand und in der kurzen mir gegönnten Zeit möglich war, entsprochen zu haben, und ich will noch zum Schlusse die in diesem Gutachten dargelegten Ansichten in Folgendem kurz zusammenfassen:

1. Die Staatsanwaltschaft hat bei sonstiger Nichtigkeit, versehen mit allen Parteirechten, sowohl im streitigen als nicht streitigen Verfahren zu interveniren:
   a) Bei Verhandlung über Trennung und Ungültigkeitserklärung der Ehe, sowie über Scheidung von Tisch und Bett.
   b) Wo es sich um Ehelichkeit der Geburt handelt.

c) Bei Adoptionen und Legitimationen.
d) Bei Todeserklärungen.
e) Bei Verfahren wider Abwesende.
f) Bei Interdiktion wegen Geisteskrankheit oder Verschwendung.

2. Die Staatsanwaltschaft ist berechtigt, allen übrigen Verhandlungen beizuwohnen und hiebei das Wort zu ergreifen.
3. Die Staatsanwaltschaft hat bei wahrgenommener Inkompetenz Anträge zu stellen, und ist bei Kompetenz-Konflikten der Gerichte mit anderen Behörden jederzeit zu hören.
4. Soll der Staatsanwaltschaft das Aufsichtsrecht über Anwälte, Notare, Gerichtsschreiber, Gerichtsvollzieher, Bürgermeister und Friedensrichter als Civilstandsbeamte und Beamte der freiwilligen Gerichtsbarkeit zustehen.
5. Alle Beschwerden gegen Gerichte, gegen richterliche Beamte und gegen die vorbenannten Personen sind an die Staatsanwaltschaft zu richten, welcher auch das Recht zukommt, auf Disziplinaruntersuchung Antrag zu stellen.
6. Die Staatsanwaltschaft hat jährlich über den Gang der Justizpflege und über wahrgenommene Gebrechen an den General-Prokurator, beziehungsweise an den Justizminister Bericht zu erstatten.
7. Der Staatsanwaltschaft soll die Mitwirkung bei Besetzungsvorschlägen und Prüfungen gewahrt sein; auch hat sie alle übrigen Justizverwaltungsgeschäfte zu besorgen.

№ 3.

Gutachten

über

die Bornemann=, Meyer= und Geck'schen Anträge,
das Hypothekenwesen betreffend.

G.

Gutachten des Hofraths Dr. von Kerstorf, königl. Advokaten zu Augsburg.

Die ständige Deputation des Deutschen Juristentages hat aus den, die Reform der Hypothekengesetzgebung erstrebenden Anträgen der Herren Dr. Bornemann, Dr. Meyer und Geck folgende Sätze zur Begutachtung herausgehoben.

A. von Dr. Bornemann.

1) Das Pfandrecht an einem Grundstück (Hypothekenrecht) wird nur durch die Eintragung in das Hypothekenbuch erworben und erlischt erst mit der Löschung im Hypothekenbuche. Die Eintragung erfolgt auf Grund einer dieselbe bewilligenden, genau formulirten Erklärung der Person, welche als Eigenthümer des in Rede stehenden Grundstücks eingeschrieben ist.

   Die Erklärung muß in gerichtlich oder notariell beglaubigter Form der Hypothekenbehörde eingereicht oder vor dieser selbst abgegeben werden. — Eine die Eintragung anordnende Verfügung des Prozeß-Richters ersetzt die Erklärung.

2) Die Hypothekenbehörde hat vor der Eintragung nur die Form und den Inhalt der Erklärung (Verfügung) und die Legitimation des Erklärenden zu prüfen; insbesondere also: ob der, welcher die Erklärung abgegeben hat oder gegen den die Verfügung gerichtet ist, als Eigenthümer des in Rede stehenden Grundstücks eingetragen ist.

   Sie hat sich ferner zu vergewissern, daß keine der beantragten Eintragung entgegenstehende Beschränkungen in das Hypothekenbuch eingetragen oder zur Eintragung angemeldet sind.

   Das der Erklärung zum Grunde liegende Rechtsgeschäft ist

der Hypothekenbehörde nicht vorzulegen und von ihr nicht zu prüfen.

3) Die Urkunde über die erfolgte Eintragung (das Hypotheken-Instrument) wird dadurch gebildet, daß unter die zu 1. gedachte Erklärung (Verfügung) der Eintragungsvermerk gesetzt wird.

Die daneben verlangte Abschrift des Hypothekenfolii oder eines Auszugs aus demselben bildet keinen Theil des Hypotheken-Instrumentes.

B. von Dr. Meyer.

1) Die Errichtung eines Grund- und Hypothekenbuchs ist wünschenswerth, die eines Hypothekenbuchs ist jedenfalls nothwendig.

In beiden Beziehungen findet aber kein Zwang statt, vielmehr ist es Sache dessen, welcher die Berichtigung des Folii für sein Eigenthum oder die Eintragung einer Forderung auf dasselbe herbeiführen will, die nöthigen Vorbereitungen zu treffen und dem Hypothekenamt seine Berechtigung darzulegen.

2) Die Eintragung in die Grund- und Hypothekenbücher allein überträgt Eigenthum und dingliche Rechte, die Servituten mit eingeschlossen, abgesehen von publizistischen Verhältnissen.

In gleicher Weise hört in Folge der Löschung Eigenthum und dingliches Recht auf.

C. von Geck.

(Dessen Zusatzantrag zu dem Meyer'schen Antrage Nr. 6, welcher lautet: Das Prinzip der Publizität wird unbedingt und im vollsten Umfange festgehalten.)

Dem Prinzip der Publizität ist auch in subjektiver Hinsicht durch unbedingte Gestattung der Einsicht des Hypothekenbuchs und der dazu überreichten Urkunden (der Grund-Akten) Geltung zu verschaffen.

Vorstehende Sätze in Verbindung mit noch weiteren 7 Anträgen des Dr. Bornemann und 14 des Dr. Meyer lagen schon der vereinigten ersten und zweiten Abtheilung des zweiten Juristentags zu Dresden vor, auf deren Antrag das Plenum den Beschluß faßte:

„Der Juristentag geht zwar auf die Bornemann- und Meyerschen Anträge zur Zeit nicht ein, anerkennt es aber als ein dringendes Bedürfniß, daß die Hypothekengesetzgebung in allen deutschen Ländern auf gemeinsamen Grundsätzen erfolge, und beauftragt daher die ständige Deputation, weiteres Material für diesen wichtigen Gegenstand zu sammeln und weitere Vorlagen zu machen."

Die Gründe dieser Ablehnung eines näheren Eingehens auf jene Vorlagen sind in der hierüber gepflogenen Verhandlung der erwähnten Abtheilung Bd. 2 S. 220 ff. entwickelt.

Wenn nun die ständige Deputation die oben wiederholten Sätze besonders als diejenigen hervorhebt, welche die Hauptgrundsätze enthalten, auf welche sie die ihr aufgetragene Materialiensammlung und weitere Vorlage zunächst zu beschränken für zweckmäßig erachtet, indem eine Ausdehnung auch auf die übrigen Anträge zu weit führen würde, so glaubt der ausdrücklich in diesem Sinne zu einem Gutachten aufgeforderte Unterzeichnete sich auch seinerseits wieder nur auf jenen Theil obiger Sätze beschränken zu sollen, der an sich oder doch wesentlich modifizirend in die Kategorie der Hauptgrundsätze gehört, das Uebrige aber, als zur Codification im engeren Sinne gehörig, mit Stillschweigen übergehen zu dürfen.

Aus den zur Begutachtung ausgesetzten Anträgen ergiebt sich nun folgende Ausbeute an

Hauptgrundsätzen:

I. Publizität.

a) Das Prinzip der Publizität der Hypothek, ausgedrückt in dem Erforderniß eines besonderen selbstständigen Hypothekenbuchs und der förmlichen Eintragung in dasselbe, ohne welche das Pfandrecht an Grundstücken nicht entstehen und nicht wieder aufgehoben werden könne. (Bornemann, Nr. 1, Alinea 1.)

b) Dasselbe Prinzip mit der Ausdehnung auf allen Erwerb oder Verlust von Eigenthum an Grundstücken, dinglichen Rechten, nebst Servituten, und mit dem desfalls erweiterten Erforderniß, daß das Pfandbuch zugleich Grundbuch sein solle. (Meyer, Nr. 1, Alinea 1 und Nr. 2.)

c) Unbedingte subjektive Ausdehnung des Grundsatzes der Oeffentlichkeit durch unbeschränkte Einsichtsgewährung der Grund- und Hypothekenbücher und der dazu gehörigen Urkunden (Grundakten) für Jedermann. (Geck.)

II. Legalität.

Verwerfung des sogenannten Prinzipes der Legalität, ausgedrückt durch Beschränkung der Prüfungspflicht des Hypothekenbeamten auf besonders spezifizirte Punkte. (Bornemann, Nr. 2.)

Von der Auffassung ausgehend, daß es sich hier nicht darum handeln könne, den von den Antragstellern betretenen Weg spezieller Codificationsversuche weiter zu verfolgen, somit auch nicht um eine eingehende Kritik des Inhaltes oder der Redaktion der erwähnten Sätze in concreto, sondern nur überhaupt um eine Besprechung der in ihnen berührten Fundamentalsätze und um die hieraus zu ziehende Folgerung, ob und was davon sich dazu eigne, um einen feierlichen Ausspruch des Juristentages darüber zu veranlassen, — schreite ich nun, von der Formulirung der vorliegenden Anträge gänzlich absehend, zu nachfolgender freien Behandlung der damit angeregten Prinzipienfragen.

A. Die Einführung des Prinzipes der Publizität der Hypotheken bildet wohl unbestritten den Glanzpunkt der neueren Deutschen Gesetzgebung im Gebiete des Civilrechtes; kein Jurist und kein mit dem Rechtsleben einigermaßen vertrauter Geschäftsmann wird heutzutage mehr in Abrede stellen, daß es ein unabweisliches Bedürfniß sei, jenem Prinzipe, als einem das ganze Hypothekensystem beherrschenden und durchdringenden, in ganz Deutschland allgemeine Geltung verschafft zu sehen.

Hierzu sowohl als zu den weiter zu behandelnden Punkten wird eine nähere Motivirung und doktrinäre Ausführung füglich unterbleiben und die Bezugnahme auf ohnehin bekannte Schriften genügen, wovon ich blos folgende besonders hervorzuheben mir erlaube:

v. Gönner, Kommentar über das Hypothekengesetz für das Königreich Bayern, München bei Fleischmann 1823.

Brackenhöft in Weiske Rechts-Lexikon, Bd. V. s. v. Hypothekenwesen.

Mittermaier, Deutsches Privatrecht edit. 7, §. 260 ff. und die dort citirten Autoren und Gesetze.

Nach dem Zeugniß der praktischen Juristen hat sich jenes Prinzip überall, wo es durchgeführt ist, als ein äußerst zweckmäßiges bewährt und zwar in um so höherem Grade, je konsequenter und eingreifender es zur Anwendung gebracht wurde, so auch insbesondere in Bayern, wo nun eine fast vierzigjährige Periode unter der Herrschaft des Hypothekengesetzes vom 1. Juni 1822 die Vortrefflichkeit des in demselben durchgeführten Systemes vollkommen erprobt hat.

Freilich kann man nicht einem oder dem anderen Prinzipe allein und für sich den guten Erfolg zuschreiben, sondern nur dem ganzen Zusammenhange der Einführung eines selbstständigen, auf die Prinzipien der Publizität und der Spezialität gebauten Hypothekenrechtes in Verbindung mit Hypothekenbüchern, einer zweckmäßigen Einrichtung derselben und einer entsprechenden Stellung der Hypotheken im Konkurse (Prioritäts-Ordnung).

Aber immer bleibt gerade das Prinzip der Oeffentlichkeit dasjenige, welches die neue Epoche dieser Spezialgesetzgebung am wesentlichsten charakterisirt.

Nach diesem Prinzipe ist eine Hypothek ohne Hypothekenbuch nicht denkbar; alle wichtigeren Lehrsätze des neuen Hypothekenrechtes sind mehr oder minder blos Consequenzen aus demselben, ja sogar das Prinzip der Spezialität läßt sich doktrinär als eine nothwendige Folge aus ersterem darstellen.

In einer Zeit, wie die unsrige, wo das Bedürfniß des Rechtslebens für den Wechsel den Begriff eines Formalaktes gefunden und in einem besonderen Gesetze durchgeführt hat, sollte es wahrlich nicht schwer halten, auch die so natürliche als logische Vorstellung zu allgemeiner gesetzlicher Geltung zu bringen, daß der Anspruch auf Immobiliar-Pfandbestellung, der Titel zur Hypothek, noch keine wirkliche Hypothek sei und nicht weiter damit vermischt werden dürfe, daß vielmehr die Hypothek gleich dem Wechsel ein Formalakt sei, dessen in gesetzlicher vorgeschriebener Weise zu Stande gekommene Existenz und beziehungsweise Wiederaufhebung die conditio sine qua non der Wirksamwerdung eines Hypothekenrechtes und beziehungsweise seiner Erlöschung ist.

Es wäre unnütz, die Sache zu wollen und die Mittel dazu abzulehnen; entweder ein auf die Grundsätze der Publizität und Spezialität gebautes Hypothekenrecht, mit dem Hypothekenbuch als ausschließlichem und unumgänglichem äußeren Medium, — oder Verbleiben bei dem alten Schlendrian und Wirrwarr durcheinander gemengter Ueberbleibsel von obsoleten Römischen und Altdeutschen Doktrinen und Einrichtungen, deren Unzugänglichkeit für Befriedigung der gesteigerten Anforderungen des Verkehrs in Beziehung auf Rechtssicherheit und Hebung des Realkredites bereits seit mehr als achtzig Jahren die Gesetzgebung unserer Zeit in Anspruch genommen und, mit dem Preußischen Hypothekengesetze von 1783 beginnend, in Bayern, Württemberg, Weimar, Sachsen eine Reihe von in der Hauptsache fast übereinstimmenden Gesetzen in's Leben gerufen hat, die sämmtlich das oben angedeutete System adoptirt haben.

Handelt es sich um Konstatirung einer communis opinio über die Nothwendigkeit allgemeiner Einführung des neuen Hypothekensystemes, so wird der Deutsche Juristentag ohne Zweifel ebenso einmüthig, wie bei der Frage über Oeffentlichkeit und Mündlichkeit im Strafprozesse, auch bezüglich der Hypotheken die Prinzipien der Oeffentlichkeit und Verbuchung als unabweisbare Elemente des Fortschrittes zu einer besseren und dem Stande der Wissenschaft sowie des Rechtsbedürfnisses entsprechenden Gesetzgebung bezeichnen.

Daß damit überall die General-Hypotheken, die stillschweigenden und die außergerichtlichen Hypotheken fallen müssen, daß dadurch das Nebeneinanderbestehen des Ingressationssystemes, als eines blos fakultativen und

Vorzug gewährenden, und der Privathypothek, wie dies hie und da zu finden, eine Unmöglichkeit werden und allen jenen Rechtsunsicherheiten ein Ziel gesetzt würde, womit mangelhafte und prinziplose Einrichtungen in einem großen Theile Deutschlands den Realkredit noch immer gefährden und darniederhalten, — das wird ernstlich wohl Niemand bedauern.

Aber auch die neuen Hypothekengesetze sind von diesen Mißständen nicht gänzlich frei; es ist nämlich nicht überall das Prinzip der Publizität mit so strenger Konsequenz durchgeführt, daß nicht absolute, auch den öffentlichen Hypotheken vorgehende Privilegien durch die Konkurs-, Gerichts- oder Prioritäts-Ordnungen anerkannt wären, was im Effekte geradezu auf dasselbe hinausläuft, wie die in anderen Ländern stehen gebliebene Gültigkeit privilegirter Hypotheken (ohne Inskription); das Prinzip der Publizität ist hier nicht wirklich adoptirt, dort aber wieder gebrochen.

Es scheint deshalb nicht zu genügen, das Bedürfniß der allgemeinen Aufnahme des Prinzipes der Publizität zu konstatiren, sondern auch dessen konsequentere Durchführung ist ausdrücklich als ein Bedürfniß zu betonen, wenn man an eine Verbesserung des Hypothekenrechtes und gleiche Grundsätze hierüber in ganz Deutschland denkt.

Eine eingehendere Besprechung dieses Prinzipes und der damit zusammenhängenden Grundsätze würde nothwendig zu einer Wiederholung oder Paraphrasirung dessen führen, was der berühmte von Gönner in der Einleitung zu seinem Kommentar, besonders in den §§. 24, 25 und 26, so meisterhaft und mit unübertroffener Gedankenschärfe und Klarheit entwickelt hat.

Gelehrten Juristen gegenüber eine solche Ausschreitung meinerseits zu unterlassen, halte ich für ein Gebot der Schicklichkeit.

B. Das Bestreben, den Hauptzweck des Hypothekeninstituts mit Sicherheit zu erreichen, führt zu dem Vorschlage, der Einschreibung des Eigenthümers und seines Besitzthums in das Hypothekenbuch eine andere noch verlässigere zu Grunde zu legen, nämlich die Intabulation in das Grundbuch, wodurch auch für den Inhalt des ersteren Eintrages dieselbe rechtliche Gewißheit, eine Garantie seiner Wahrheit gewonnen werden soll, wie sie für den Grundbuch-Eintrag besteht.

Man wird nicht bestreiten können, daß auch dem Grundbuch gegenüber bei jedem ersten Eigenthumsvortrage die Frage offen bleibt, wer für dessen absolute Richtigkeit garantire.

Bei allen späteren Einträgen in das Grundbuch, sowie in ein bloßes Hypothekenbuch ist die öffentliche Auktorität, unter deren Schutz sie gestellt sind, von vollkommen gleichem Werthe; da wie dort steht der amtlichen Handlung die gleiche publica fides zur Seite mit allen ihren Folgen.

Es kann sich daher nur darum handeln, ob denn der erste Vortrag des Eigenthümers mit seinem Grundeigenthum in einem besonderen Grundbuch von größerem Werthe sei, als ein solcher, der unmittelbar im Hypothekenbuche und nur für den speziellen Bedarf des Hypothekeninstitutes bewirkt wird.

Da die bekannten gesetzlichen Vorschriften und Instruktionen über die Vorbedingungen der Eintragung in die Hypothekenbücher und deren Anlage, beziehungsweise die Eröffnung neuer Folien in denselben, dem Hypothekenbeamten die gleiche Prüfungspflicht in Beziehung auf diesen Punkt auferlegen, wie sie in einer Grundbuchordnung vorzukommen vermöchten, so dürfte die eben gestellte Frage einfach zu verneinen sein.

Die Sache wird nur da von Bedeutung, wo das Civilgesetz die Existenz des Eigenthumes an Immobilien an den Eintrag in das Grundbuch bindet.

Dann aber liegt die Frage nicht mehr auf dem Gebiete des Hypothekenrechtes, sondern sie gestaltet sich zu einer viel wichtigeren und eigentlichen Civilrechtsfrage, deren Untersuchung, um logisch voranzugehen, zunächst ganz unabhängig von dem etwaigen Nutzen für das Hypothekeninstitut zu pflegen ist, worauf dann erst die weitere Frage zu beantworten wäre, ob etwa ein überwiegendes Interesse der Verbesserung des Hypothekenwesens gleichwohl zur Bejahung der ansonst zu verneinenden Vorfrage dränge.

Diese Vorfrage muß ich jedoch entschieden verneinen.

Es schiene mir ein unverzeihlicher Rückschritt zu sein, wenn man den Erwerb von Eigenthum an unbeweglichem Gute, die Uebertragung und die Entstehung von dinglichen Rechten und Servituten, sowie deren Verlust oder Erlöschen, ebenso wie die Entstehung und Erlöschung der neuen Deutschen Hypothek an die conditio sine qua non des rechtsförmlichen Eintrages in ein öffentliches Buch binden wollte; die Einführung einer solchen Beschränkung der gemeinrechtlichen Grundsätze über Erwerb und Verlust von Eigenthum, die Ausdehnung des in einzelnen Landesgesetzen enthaltenen Zwanges der schriftlichen und gerichtlichen Form für Verträge über Immobilien und denselben gleichgeachtete Rechte auch auf jene Deutschen Gebiete, in welchen ein solcher Zwang nicht besteht, die Steigerung eines solchen Zwanges bis zu dem Grade, daß sogar die Existenz des Rechtes selbst vom Formalakte der amtlichen Verbuchung abhängig wäre, wie wir dies nur in einzelnen Partikularrechten finden, dies sind mit Nichten Postulate eines in ganz Deutschland lebendig gewordenen Rechtsbedürfnisses.

Es würde zu weit führen, zu untersuchen, ob und welche rationelle Gründe vom wissenschaftlichen Standpunkte aus für den Protokollirungszwang bestehen mögen; die juristische Literatur bietet wenigstens keine leicht auffindbaren Quellen für diese Theorie; daß aber die Natur des germanischen Rechtes eine solche Ausnahme beim Eigenthum an Immobilien nicht aus inneren Gründen verlange, dies geht zur Evidenz aus den hie und da den Lokalstatuten desfalls beigefügten Motiven hervor, die im Wesentlichen nur auf die politische Zweckmäßigkeit amtlicher Kenntnißnahme und Evidenthaltung der bäuerlichen Güterstatistik und auf eine dem Civilrechte an sich fremde Kuratel über gemeine Leute, damit sie nicht betrogen und bewuchert werden und dergl., zum Theil aber sogar blos auf fiskalische Interessen der Guts- oder Landesherrschaft hinauslaufen.

Man darf mit Recht fragen, ob und wo denn irgend schon ein solcher Wunsch, ein solches Bedürfniß in neuerer Zeit laut geworden sei.

In Bayern wenigstens ist dies nicht der Fall; an den wenigen Orten, wo für Grundeigenthums-Verträge die gerichtliche Protokollirung und Verbriefung und zwar sogar unter dem Präjudize der Nichtigkeit geboten ist, wie z. B. nach Augsburger Statut, hält man diese Schranke des Verkehrs für eine Last; wo insbesondere, wie nun im größeren Theile von Deutschland, das Feudalsystem fast gänzlich verschwunden ist und die unbedingte volle Freiheit des Eigenthums auch bei dem geringsten bäuerlichen Besitz zur allgemeinen Regel geworden ist, da fehlen nun auch die früheren Opportunitätsgründe für derartige Anordnungen fast gänzlich, und die fernere Aufrechthaltung oder gar die Einführung einer solchen Beschränkung ließe sich nur als eine große Anomalie bezeichnen.

Der Art. 14 des Bayerschen Notariatsgesetzes v. 10. Novbr. 1861, welcher den Protokollirungszwang generalisirt und die Verbriefung aller Verträge über Immobilien den Notaren zuweist, spricht zwar faktisch gegen die hier ausgesprochene Ansicht; es ist aber auch keineswegs meine Aufgabe, für jenen Art. 14 und seine Motive hier einzutreten, vielmehr kann ich nach meiner individuellen Anschauung nur bedauern, daß man dort einem Prozeßverbesserungsbedürfniß durch eine allerdings viel leichtere Beugung des Civilrechtes genügen zu sollen für gut fand, wobei überdies das in den Motiven vorangestellte Staatsinteresse zum guten Theile doch nur vom fiskalischen Standpunkte aus zu verstehen sein dürfte.

Aber die tiefer liegenden Gründe, warum in manchen Gesetzen der jüngsten Zeit so manche einzelne Bestimmungen gar nicht ex professo zur Diskussion kamen, sind nicht minder berechtigt, als die rein juristischen, und ich freue mich jenes Gesetzes, obwohl ich diese Bestimmung für einen Mißgriff halte.

Die Rückkehr zum alten Germanischen Rechte mag auf einem anderen Felde ein berechtigter Wunsch sein; aber zur Grundbuchverfassung im engeren Sinne wird man nirgends zurückkehren wollen, wo man sie aus Rücksicht für die Bedürfnisse des Verkehrs verlassen hat, man wird sie nirgends zu adoptiren für gut finden, wo sie ohnehin schon nicht einmal historischen Boden hat.

Das Postulat allgemeiner Einführung von Grundbüchern führt offenbar weiter, als man dabei beabsichtigen mag; soll das Grundbuch wirklich eine so wesentliche Bedeutung für das Eigenthum an Immobilien haben, so darf man nicht bei einem bloßen Ingrossationsgebote stehen bleiben, man muß sich zu einer ganzen Maßregel entschließen und denen beipflichten, die, wie keine Hypothek ohne Hypothekenbuch, so kein Grundeigenthum ohne Grundbuch wollen.

Darüber mögen die Juristen entscheiden; Wissenschaft und Praxis werden hierauf, wie ich denke, mit Nein antworten, soweit es die rein civilrechtliche Seite der Frage betrifft.

Ob nicht aber ein überwiegendes Interesse der Verbesserung des Hypothekenwesens gleichwohl die Bejahung erheische?

Auch diese Frage ist zu verneinen.

Abgesehen davon, daß die Garantie für die absolute Wahrheit des ersten Eintrages im Grundbuche keine größere und bessere sein kann, als im Hypothekenbuche, daß somit der Fehler, wenn ein solcher vorfällt, eigentlich nur von diesem in jenes Buch verlegt würde, so ist es ja überdieß gar nicht nöthig, dem Hypothekenbucheintrag eine glaubwürdigere Unterlage zu verschaffen, als jene, die ihm die eigene Einrichtung eines gut ausgeführten selbständigen Hypothekengesetzes verschafft.

Allerdings wird da, wo Grund-, Lager-, Salbücher und dergl. bestehen, oder wo, wie in Bayern, eine ursprünglich im Ediktalverfahren begonnene und dann mit allen Mitteln der Verwaltung und der Technik ohne Rücksicht auf Kosten bis in's kleinste Detail durchgeführte und stets auf dem Laufenden erhaltene Katastrirung dem Hypotheken-Institute zur Seite steht, eine große Erleichterung in der Arbeit des Hypothekenbeamten, eine vermehrte Sicherheit in seinen Aufnahmen, eine sehr erfreuliche Vereinfachung seiner Einträge die natürliche Folge sein; aber daß dies so sein müsse, um irgend eine wesentliche Aufgabe des neuen Hypothekenwesens zu lösen, oder auch nur besser zu lösen, das läßt sich durchaus nicht behaupten.

Gerade darin, daß das Bayerische Hypothekengesetz dieses Mittels nicht bedarf, daß es ohne Alterirung der übrigen civilrechtlichen Institute und Gesetze lediglich den neuen Begriff der Hypothek (κατ᾽ ἐξοχην) konstruirte und ein ganz selbstständiges Hypothekenrecht mit seinen eigenen ausreichenden Einrichtungen geschaffen hat, gerade darin dürfte sein größter Vorzug liegen; vom Standpunkte der Gesetzgebungskunst wenigstens dürfte dies unbestritten bleiben.

Es erreicht aber dieses für sich abgeschlossene Institut seinen Hauptzweck vollkommen, indem es das Hypothekenbuch so einrichtet, daß der Gläubiger durch den Eintrag in dasselbe ein Realrecht an einer bestimmten unbeweglichen Sache zur Sicherheit seiner Forderung erlangt und jeder Gläubiger und jeder neue Erwerber des Hypothekenobjektes aus dem öffentlichen Buche ersehen kann, welche Sicherheit er durch dieses Objekt erhalte und welche Hypotheken darauf haften.

Die im Bayerischen Hypothekengesetze bezüglich des Besitztitels und des speziellen Hypothekenobjektes angeordneten Einträge sind für den Hypothekenzweck vollkommen ausreichend; eine vierzigjährige Anwendung des Gesetzes hat dies bewährt und zwar auch da und zu einer Zeit, wo das Steuerkataster noch gänzlich fehlte; der schlagendste Beweis seiner befriedigenden Wirksamkeit liegt darin, daß während dieser langen Zeit und sogar auch in der letzten an gesetzgeberischer Thätigkeit so reichen Periode keine Verbesserungsversuche oder auch nur Abänderungsanträge zu diesem Gesetze aufgetaucht sind.

Läßt sich daher auch die Opportunität, neben dem Hypothekenbuche auch ein Grundbuch im weiteren Sinne oder ein ähnliches Institut zur Evidenthaltung aller Eigenthumsveränderungen an unbeweglichen Gütern zu haben, nicht in Abrede stellen, um so minder, als andererseits auch das Hypothekenbuch nur die mit Hypotheken belasteten Güter verzeichnet und somit kein Surrogat für ein Grundbuch ist, überdies manche in anderer Beziehung wissenswerthe Eigenschaften der Sache in einer bloß für das Hypothekenbuch bestimmten Beschreibung weder nöthig, noch in der Regel vorgeschrieben sind, oder mit aufgenommen werden, — so wird man am Ende doch immer zu der Konklusion kommen müssen, daß ein besonderes Bedürfniß, das Hypotheken-Institut mit der Grundbuchverfassung zu umgeben, nicht bestehe, und daß dies insbesondere nicht im Interesse der Erreichung der Zwecke des Hypotheken-Institutes geboten sei. —

Um so gewisser wird man dann auch die formelle Vereinigung von Grund- und Hypothekenbuch verwerfen und desfalls von Gönner's Warnung a. a. O. S. 260 folgen.

C. Das Prinzip der Oeffentlichkeit des Hypothekenbuches führt nicht an sich zu einer unbedingt für Jedermann offenstehenden Einsicht desselben; fast alle neueren Hypothekengesetze beschränken desfalls die Befugniß für jeden Dritten durch die Bedingung glaubhafter Nachweisung eines rechtlichen Interesse, aus den von Gönner a. a. O. S. 271 und 272 angegebenen Gründen.

Anders würde es sich allerdings verhalten, wenn man Hypothekenbuch und Grundbuch in Eines zusammenfaßt, und es mag hier unwidersprochen bleiben, daß die Oeffentlichkeit eines Grundbuches eine weiter gehende sein könne und sogar müsse, als jene des für einen viel engeren Zweck dienenden Hypothenbuches.

Da jedoch diese Frage hier nur in Rücksicht auf das Hypothekenwesen in Anregung gebracht ist, so scheint eine nähere Abwägung des Für und Wider nicht mehr am Platze, nachdem bereits im vorhergehenden Absatze die Vorfrage der Verbindung beider Bücher verneint worden ist.

D. Das sogenannte Prinzip der Legalität wird in keinem guten Hypothekensysteme vertreten; es hat überdies noch nirgends eine genügende Definition und ebensowenig eine doktrinäre Begründung und Ausführnng erfahren; alle Autoren über diese Materie bequemen sich allmälig, beim Hypotheken-Institute kein höheres Maß von Legalität der amtlichen Handlungen und als Folge der denselben zukommenden publica fides keine stärkere Gewähr ihrer Infallibilität in Anspruch zu nehmen, als dies bei allen anderen Geschäften der freiwilligen Gerichtsbarkeit nach der Natur der Sache und nach Maßgabe der besonderen dafür gegebenen Einrichtungen und gesetzlichen Anordnungen der Fall ist.

Mit Recht wird allgemein anerkannt, daß die den Hypothekenbeamten aufzulegende Prüfungspflicht nicht über den speziellen Zweck des Hypotheken-Institutes selbst hinausgehen solle, und alle neueren Hypothekengesetze beschränken deshalb ausdrücklich die Haftung derselben in gleichem Maße; mit Ausnahme des Württembergischen Pfandgesetzes entziehen ihnen die neuen Gesetze insbesondere die Prüfung und überheben sie der Haftung in Beziehung auf die Rechtsgiltigkeit des dem Hypothekenvertrage zu Grunde liegenden Rechtsgeschäftes, soweit nicht die Daten und Notizen dazu in dem Hypothekenbuche selbst sich eingetragen finden; die bei Mittermaier a. a. O. S. 715 enthaltene Zusammenstellung mit der von Brackenhöft a. a. O. S. 410 in Note 272 dazu gemachten Berichtigung, giebt ein genaues Bild der desfalls anerkannten Sätze, und es ist meines Wissens in der gelehrten Welt hierüber kein Streit.

Einer feierlichen Feststellung der communis opinio scheint es daher in dieser ohnehin mehr reglementären Beziehung nicht zu bedürfen.

E. Wenn ich nun zum Schlusse das Resultat meiner Erwägungen zusammenfassen und es mit besonderer Berücksichtigung der Aufgabe des Deutschen Juristentages auf die vorliegenden Anträge in concreto anwenden soll, so ergiebt sich folgendes Votum:

Als Antrag an den Deutschen Juristentag empfiehlt sich nur ein Ausspruch des Inhaltes:

1) daß es im Interesse gleicher Rechte und Rechtszustände in ganz Deutschland liege, dem auf die Prinzipien der Publizität und Spezialität gebauten selbstständigen Hypothekensysteme, wie es sich in der neueren Gesetzgebung und insbesondere in dem Bayerischen Hypothekengesetze vom Jahre 1822 gestaltet hat, in allen Deutschen Staaten gesetzliche Geltung verschafft zu sehen, und

2) daß hierbei vom Standpunkte der Wissenschaft sowie des praktischen Bedürfnisses eine vollkommen konsequente und beziehungsweise konsequentere Durchführung dieses Systemes dringend zu empfehlen sei. —

Habe ich in vorstehendem Gutachten zur Lösung einer meine schwachen Kräfte übersteigenden Aufgabe mit jener unbedingten Bereitwilligkeit beizutragen gesucht, welche ich der Sache selbst und der durch die Einladung der hochverehrlichen ständigen Deputation mir erwiesenen unverdienten Ehre schuldig zu sein glaubte, so hege ich das Vertrauen, daß mir eine nachsichtige Beurtheilung nicht entstehen werde, auch wenn ich es unterlasse, die besonderen Umstände zu erwähnen, die mich gerade jetzt und gerade in diesem Gegenstande an einer etwas besseren Arbeit hinderten.

II.

Gutachten des Dr. H. Lührsen zu Hamburg.

Dem zweiten Deutschen Juristentage lagen verschiedene, von Herrn Dr. Bornemann, Dr. Meyer und Kreisrichter Geck gestellte, in den Verhandlungen gedachten Juristentages Band 1, Lieferung 2, pag. 229, 232 und 277 gedruckte, eine Reform der Deutschen Hypothekengesetzgebung anstrebende Anträge vor.

Es wurde darüber folgender Beschluß gefaßt:

„Der Juristentag geht zwar auf die Berathung der Bornemann-, Meyer- und Geck'schen Anträge zur Zeit nicht ein, erkennt es aber als dringendes Bedürfniß, daß die Hypothekengesetzgebung in allen Deutschen Ländern auf gemeinsame Grundsätze erfolge, und beauftragt daher die ständige Deputation, weiteres Material für diesen wichtigen Gegenstand zu sammeln und weitere Vorlage zu machen."

Der Verfasser dieser Zeilen ist von der ständigen Deputation aufgefordert, sich in einem schriftlichen Gutachten über die Hauptgrundsätze in den erwähnten Anträgen zu äußern. Derselbe glaubt diese Aufgabe nicht besser lösen zu können, als wenn er die Hauptgrundsätze, welche seiner Ansicht nach einer Hypothekengesetzgebung, welche ihren Zweck erreichen will, zum Grunde liegen müssen, aufstellt, sodann den Versuch macht, nachzuweisen, soweit der ihm verstattete Raum es zuläßt, daß solche die allein richtigen sind, und dabei berücksichtigt und berührt, in wie fern die erwähnten Anträge diesen Grundsätzen entsprechen.

Die Aufstellung solcher Grundsätze scheint der allein richtige Weg zu sein, um zu Resultaten zu gelangen. Ist erst Einigkeit über die Hauptgrundsätze vorhanden, so folgt das Spezielle von selbst und kann nach lokalen Bedürfnissen so oder anders geordnet werden.

Alle die verschiedenen Vorschläge, welche in neuester Zeit so vielfach gemacht sind, und auch theils die in Rede stehenden Anträge sind nur darauf gerichtet, einzelne Verbesserungen und Beseitigung einzelner Uebelstände einzelner lokalen Gesetzgebungen zu erreichen. Selbst die legislative Thätigkeit hat in neuester Zeit nichts Anderes gebracht, als Ausbesserungen. Für das Allgemeine wird damit wenig erreicht, und namentlich möchte das auch nicht in den Zwecken, welche der Deutsche Juristentag verfolgt, liegen, welcher sich auch gerade dahin ausgesprochen hat, daß es wünschenswerth sei, daß die Hypothekengesetzgebung in allen Deutschen Ländern auf gemeinsamen Grundsätzen erfolge.

Mit allgemeinen Redensarten von Publizität und Spezialität ist nicht viel zu erreichen. Nicht als ob deren Bedeutsamkeit nicht gewürdigt werden sollte; im Grunde aber sind diese Fundamentalsätze für den, welcher ein Hypothekenwesen organisiren will, so viel, als die Buchstaben für den, welcher lesen lernen will.

Vornehmlich aber wird es nothwendig sein, das Prinzip, welches einer Hypothekengesetzgebung zum Grunde liegen muß, voranzustellen. Dieses Prinzip ist die Beförderung des Realkredits.

Dem Römischen Pfandrecht liegt dies Prinzip nicht zum Grunde, es lag auch wohl kein Bedürfniß dafür vor.

Die Römischen Gesetzgeber sehen jeden Schuldner für einen Lumpen an, gegen welchen Sicherheitsmaßregeln ergriffen und den vom Gesetzgeber begünstigten Personen ex officio gegeben werden müssen. Das ist der unverkennbare Geist des Römischen Pfandrechts.

Die modernen Gesetzgeber alle erkennen das Prinzip in den Einleitungen zu ihren Gesetzen mit Worten als das allein maßgebende an. Die Gesetze selbst aber, mit Ausnahme etwa des Mecklenburgischen, halten es durchaus nicht konsequent fest; ja die Römische Anschauung tritt mitunter sehr bedeutend hervor.

Aus diesem Prinzip folgt vornehmlich, daß das hypothekarische Darlehn zunächst zu berücksichtigen ist. Kein irgendwie anders begründeter Anspruch an die Person Desjenigen, welcher zufällig ein Grundeigenthum besitzt, hat irgend welche Berechtigung, einen besonderen Schutz zu genießen. Die besonderen Einrichtungen zum Schutze des hypothekarischen Dalehns rechtfertigen sich auch nur allein aus dem Einflusse, welchen Realkredit auf das Nationalwohl hat. Ohne Realkredit kann kein Mittelstand aufkommen und bestehen. Hierüber können zwischen Juristen und National-Oekonomen verschiedene Ansichten herrschen; der Gesetzgeber aber muß sich entschließen, was er wählen will; sollen die Römischen Privilegien der Frauen, Minderjährigen u. s. w. in der bisherigen Weise aufrecht erhalten werden, so wird er darauf verzichten müssen, für den Realkredit etwas zu thun. Diese Konkurrenz ist unmöglich.

Es ist daher fast nothwendig bei einer Hypotheken-Gesetzgebung, welche Realkredit schaffen und befördern will, zu versuchen, das Römische Pfandrecht aus dem Gedächtnisse förmlich wegzuwischen.

Dabei aber sollen hier keineswegs ideale Rechtsgrundsätze aufgestellt werden, welche erst die Feuerprobe der Praxis durchzumachen hätten, eine Probe, welche in dieser Materie jede Regierung gerechtes Bedenken haben möchte zu machen. Es kommt bei der Hypotheken-Gesetzgebung nur darauf an, das früher allen Deutschen gemeinsam gewesene Recht und Verfahren zu erkennen und den jetzigen Verhältnissen nach modifizirt wieder in's Leben zu rufen. Kein Gegenstand der Gesetzgebung möchte geeigneter erscheinen, ein gemeinsames Deutsches Recht herzustellen.

Es sollen demnächst nur die Hauptgrundsätze aufgestellt werden, welche einer Hypotheken-Gesetzgebung, welche Realkredit schaffen und erhalten will, nach des Verfassers Ansicht zum Grunde liegen müssen; soweit es der Raum gestattet, sollen einige daraus sich ergebende Konsequenzen berührt und dabei bemerkt werden, inwiefern die von Bornemann- und Meyer'schen Sätze diesen Grundsätzen gemäß sind.

Ein organisches Hypothekengesetz aufzustellen, liegt nicht in der Aufgabe, welche dem Verfasser von der Deputation gestellt ist, ebensowenig als eine Kritik der bestehenden Gesetzgebungen.

Der Verfasser glaubt, daß Jeder, welcher das, was in seinem Lande Rechtens ist, genau kennt, leicht wird auffinden können, wo seine lokale Gesetzgebung von diesen Grundsätzen abweiche, und dann vielleicht erkennen, daß eben in solcher Abweichung der Grund liegt, weshalb dieselbe ihren Zweck nicht erreicht, sowie, daß eine als nothwendig oder wünschenswerth erkannte Verbesserung von selbst aus der konsequenten Durchführung dieser Grundsätze folgen werde.

Diese Grundsätze sind folgende:

Erster Grundsatz:

> Der Besitz von Grundeigenthum kann nur vor dem kompetenten Gerichte (der Hypotheken-Behörde der gelegenen Sache) übertragen und erworben werden.

Dies ist altes Deutsches Recht und zwar der gesundesten Art, hervorgegangen aus dem Bedürfnisse des Lebens und Verkehrs. Die politische Bedeutung des Grundbesitzes, das Recht der Mitbenutzung der Gemeindegüter, die ganzen Verhältnisse der älteren Deutschen Gemeinde machten es für dieselbe zu einer Lebensfrage, erkennbar zu machen, wer über ein Grundstück zu verfügen und dasselbe zu vertreten berechtigt und verpflichtet sei. Das einzige und zugleich unfehlbare Mittel war die Bestimmung, daß die Uebergabe von Grundeigenthum, die Aufgebung und Erlangung des Besitzes öffentlich geschehen müsse, vor Gericht. Es ist diese Rechtsvorschrift nachweisbar seit den Anfängen der Entwickelung des Deutschen Rechts. Der Sachsenspiegel und alle ältesten Stadtrechte haben sie.

Wenn der Besitz von Grundeigenthum nur rechtsgiltig erworben und verloren werden kann durch Uebertragung und Erwerbung vor Gericht, so wird derselbe dadurch erkennbar gemacht und zwar in der einzigen möglichen Weise, ihn absolut erkennbar zu machen.

Schon im dreizehnten Jahrhundert wurden besondere Protokolle über Uebertragung von Grundeigenthum von den Gerichten geführt, Eigenthums-Bücher genannt: **libri hereditatum.**

Diese Besitzübertragungen sind die Verlassungen, Auflassungen, Willigungen.

Als das öffentliche und mündliche Verfahren der älteren Deutschen Gerichte verdrängt wurde, gestalteten sich diese Verlassungen zu einer Art öffentlicher Bekanntmachung oder Aufrufung der beabsichtigten Besitzübertragungen. In dieser leeren Form finden sie sich in den Stadtrechten jüngster Bearbeitung und den neuesten Landes-Konstitutionen und meist in den Lehrbüchern der Germanisten. Da, wo sie noch beibehalten, sind sie ein Lustspiel oder Schauspiel, je nachdem das in einer Sportel bestehende Eintrittsgeld klein oder groß und die Weitläufigkeit bedeutend ist.

Ursprünglich aber ist die Verlassung und die Uebertragung des Besitzes ein und derselbe Akt, dessen Wesen ist, die Uebertragung und den Erwerb des Besitzes an Grundeigenthum öffentlich erkennbar und alle anderen Privatübertragungen rechtsungiltig zu machen.

Zugleich aber ist durch solche Bestimmung die Eigenthumsfrage im Wesentlichen erledigt; denn das Gericht wird nur dann den Akt der Besitzübertragung zu Protokoll nehmen, wenn Derjenige, welcher den Besitz übertragen will, sich als Besitzer oder dazu befugt ausweisen kann. Für Denjenigen, welcher im Stande ist, sich auf ein früheres Protokoll, ausweise dessen der Besitz auf ihn übertragen war, zu berufen, ist die Ausweisung leicht. Wer das nicht kann, muß seinen Titel beweisen, sich als Eigenthümer legitimiren. Wenn mithin zu der ersten Eintragung in die Gerichts-Protokolle der Nachweis des Eigenthums nothwendig ist, so wird die Eigenthumsfrage ein- für allemal erledigt; es steht fest, wer berechtigt ist, ein Grundstück zu vertreten, es zu belasten und weiter zu übertragen.

Das aber muß wider alle Zweifel und mögliche Anfechtung festgestellt sein, wer berechtigt ist, ein Grundstück zu belasten, Hypotheken darauf eintragen zu lassen, sonst ist kein Fundament für den Realkredit da.

Das Deutsche Recht hat diese Aufgabe in der einfachen und unzweifelhaft sicheren Weise durch die Bestimmung, daß der Besitz nur rechtsgiltig vor Gericht übertragen werden könne, gelöst. Rücksichten auf Realkredit waren in den älteren Deutschen Verhältnissen nicht Veranlassung. Die Hauptrücksicht war die passive Legitimation Desjenigen, auf den der Besitz übertragen werden sollte, damit kein Fremder Grundeigenthum in der Gemeinde erwerbe, auch die Gemeinde wissen könne, an wen sie sich wegen der Gemeindelasten zu halten habe.

Das Römische Recht hat dieses praktische Deutsche Recht verdrängt; die neueren Hypothekengesetzgebungen erkennen den Grundsatz allerdings als sichere Grundlage an, aber sie haben ihn schwankend gemacht, mit Ausnahme in der Hypotheken-Ordnung für Landgüter in Mecklenburg, einerseits dadurch, daß sie der außergerichtlichen Tradition Rechtsgiltigkeit beigelegt, und andererseits, daß sie das Unmögliche zu erstreben gesucht haben, zugleich durch die Grund- und Hypothekenbücher das Eigenthumsrecht absolut festzustellen. Nur der Besitz aber ist absolut erkennbar zu machen, das Eigenthum aber nicht.

Bei der Hypothekengesetzgebung kommt Grundeigenthum in Betracht, sofern es Gegenstand von Hypotheken ist. Als solches existirt nur dasjenige, welches ein Folium im Eigenthumsbuche hat; wer aber darüber zu verfügen berechtigt ist, muß festgestellt sein. Das kann und darf nur Derjenige (selbstverständlich eventualiter dessen rechtliche Vertreter) sein, auf dessen Namen es geschrieben steht. Wird dies einmal festgehalten, so wird es sich schon von selbst machen, daß Jeder, welcher ein Grundeigenthum erwirbt, dafür sorgen wird, daß es ihm auch zugeschrieben werde; er wird nicht eher den Kaufpreis bezahlen, als ihm der Besitz übertragen wird.

Dadurch nun wird es wieder möglich, eine für den Staat sicher eingehende Mutationsabgabe auf die Uebertragungen von Grundeigenthum zu legen, welche bedeutend genug ist, um alle anderen Stempel-Abgaben bei Bestellung neuer Hypotheken, und namentlich bei Cessionen, ohne Nachtheil für die Staatskasse wegfallen zu lassen.

Durch die konsequente Durchführung dieses ersten Grundsatzes ist eine sichere reale Grundlage für die Hypothekenbücher geschaffen. Spezialität folgt daraus von selbst, sowie das Eigenthums- oder Grundbuch von selbst geschaffen wird durch die gerichtlichen Protokolle über diese Uebertragungen von Grundeigenthum.

Man darf deshalb nicht, wie Bornemann es wollte, diese Frage offen lassen, und ist es nicht, wie Herr Meyer in seinen Anträgen sub Nr. 1 sich ausspricht, wünschenswerth, daß Grundbücher geführt werden, sondern nothwendig; aber darin ist Demselben durchaus beizustimmen, daß desfalls Zwang nicht existiren dürfe. Der Gesetzgeber, welcher Zwang anwendet, verurtheilt seine Gesetze im Grunde schon selbst, indem er voraussetzt, daß die Betreffenden von der Nothwendigkeit derselben für ihr Bestes nicht überzeugt sein werden. Der ausreichende moralische Zwang, welchen der Staat ausüben mag, besteht darin, daß er nur dem eingetragenen Besitzer gestattet, Hypotheken eintragen zu lassen, und daß der eingetragene Besitzer für alle das Grundstück treffende Abgaben und Lasten verantwortlich bleibt.

Zweiter Grundsatz:

> Die Deutsche Hypothek ist als Reallast des Grundstücks, auf dessen Folium sie eingetragen, aufzufassen und nach den Deutschrechtlichen Grundsätzen über diese zu beurtheilen, mit der Ausdehnung einer durch das Gesetz zu bestimmenden persönlichen Haftverbindlichkeit des jedesmaligen Besitzers des belasteten Grundstücks, wenn durch Zwangsverkauf die Hypothek durch den erzielten Kaufpreis nicht gedeckt wird.

Auch dieses ist Deutsches Recht, gemäß dem Entstehen und der Ausbildung des hypothekarischen Darlehns in Deutschland.

Vor Entwickelung des Bürgerthums in den Städten gab es in Deutschland weder Kapital zu hypothekarischen Darlehen, noch auch Grundeigenthum, worauf man Kapital leihen konnte; der kleine Mann hatte seinen Grund, worauf er wohnte, nur zu Leihe, und den freien großen Grund-Eigenthümern, die fürstlichen nicht ausgenommen, trauete man nicht, um ihnen Kapital auf Hypothek zu geben; wollten sie Geld borgen, so mußten sie ihr Grundeigenthum, gleich beweglichem Gut, zum Pfande geben oder auf Wiederkauf verkaufen.

Erst als die Bürger der Städte freies Eigenthum erworben hatten, entwickelte sich aus dem Zins für das früher nur zur Benutzung geliehene Grundstück die Rente für das gekaufte Eigenthum. Die Rente ist eigentliche Reallast, deren Natur bekanntlich die ist, daß der Besitzer eines Grundstücks das verpflichtete Subjekt darstellt, mit der Beschränkung, daß die Pflicht zur Leistung einen privatrechtlichen Charakter haben muß. Die Rente ist ihrem Ursprunge nach wesentlich ein Kaufpreis für Grundeigenthum. Der Mangel an Kapital machte es dem Käufer unbequem, den ganzen Kaufpreis baar zu bezahlen. Er verpflichtete sich daher zu einer wiederkehrenden Leistung in Geld, welche er in der Regel mit einer bestimmten Kapitalsumme zurückzukaufen, abzulösen, sich vorbehielt. Der Grundsatz, daß Grundeigenthum vor Gericht übertragen werden müsse, wurde auch Rechtsnorm für die Rente. Die Uebertragung vor Gericht hatte dem Grundbesitzer die Gewere gegeben, das Geständniß des Besitzers vor Gericht. Die Rente aus dem Grundstücke schuldig zu sein, gab dem Rente-

Gläubiger die Gewere, das öffentlich anerkannte, mit dem Schutze des Gerichts bekleidete dingliche Recht. Auch über diese Akte führte das Gericht in der Regel abgesonderte Protokolle, welche Rentebücher genannt wurden.

Wenn ursprünglich nur Renten gegeben wurden, als Kaufpreis für Grundeigenthum, so wurden später Renten vom Grundbesitzer verkauft für Kapital. Dabei wurde fast immer die Kapitalsumme hinzugefügt, für welche der jedesmalige Grundbesitzer die Rente zurückkaufen, also kündigen konnte. Im siebenzehnten Jahrhundert wurde dies Kündigungsrecht auch für den Besitzer der Rente eingeführt und ihm eingeräumt, den Kaufpreis zurückzufordern gegen Tilgung der Rente. Eine Rente von beiden Seiten zu lösen, ist dem Wesen nach ein Darlehn. In solcher Weise hat sich in Deutschland, wie aus Hunderten von Rentebüchern der verschiedensten Länder nachgewiesen werden kann, aus der Rente das hypothekarische Darlehn, die Hypothek ausgebildet. Da, wo das Römische Recht mit seiner Lehre von der rein accessorischen Natur der Hypothek nicht zerstörend obgesiegt hat, behielt, als, statt Rente mit bestimmtem Kapital zu lösen, nunmehr Kapital mit den Renten auf das Grundstück eingetragen wurde, wie die Rente auch das Kapital die Natur der Reallast, was sich deutlich aus vielen Stadtrechten noch erkennen läßt. Durch die Eintragung in die Gerichts-Protokolle war die auf dem Grundstück haftende Last Allen erkennbar gemacht. Die Dinglichkeit gab ihr schon den Anspruch vor allen anderen Ansprüchen an das Grundstück und dessen Besitzer. Jeder, welcher das so belastete Grundstück erwarb, übernahm die Last mit, indem er dieselbe vom Kaufpreis abzog.

Da indessen eine Reallast nur das Grundstück selbst affizirt, so wird für die jetzigen Verhältnisse hinzuzufügen sein die Verpflichtung des Besitzers des Grundstücks, auch persönlich für diese Lasten des besessenen Grundstücks zu haften, wenn bei einem gezwungenen öffentlichen Verkaufe aus dem Verkaufspreise des Grundstücks die eingetragenen Schulden nicht gedeckt werden. Der Begriff der rein accessorischen Natur der Römischen Hypothek ist für ein richtiges System des Realkredits ein verderblicher. Die besseren neueren Gesetzgebungen haben ihn auch schon bedeutend modifizirt. Damit ist wenig genützt, alles aber erreicht, wenn statt Römischer Rechtsgrundsätze Deutsche zur Grundlage genommen werden. Durch diesen Grundsatz ist das formulirt, was im Antrage des Herrn Dr. Bornemann die Sätze sub 4 und 5 als Recht, wofür der Juristentag sich erklären möge, aussprechen, welchen beiden Sätzen so formulirt, demnach unbedingt zuzustimmen wäre.

Die nach diesen Deutschen Rechtsgrundsätzen konstruirte Deutsche Hypothek (der fremde Name muß wohl leider beibehalten werden) wird sich dann als ein selbstständiges Deutsches Rechtsinstitut darstellen, als ein durch die Eintragung in öffentliche Bücher existent werdendes dingliches Recht an einem bestimmten Grundstücke auf eine Rente oder ein bestimmtes Kapital.

Dritter Grundsatz:

> Eine Hypothek entsteht nur durch Eintragung in die von dem Gerichte der gelegenen Sache geführten Hypotheken-Bücher, kann rechtsgiltig nur von dem Gerichte, in dessen Protokolle sie eingetragen, übertragen werden, und erlischt nur durch Tilgung in denselben.

Der erste Satz ist die allerseits anerkannte nothwendige Publizität.

Es könnte vielleicht bemerkt werden, daß es zuviel gesagt sei, daß eine Hypothek nur entstehe durch die Eintragung und daß es ausreiche zu setzen: die Hypothek erhalte ihre rechtliche Wirkung gegen Dritte nur durch die Eintragung. Diese Wirkung gegen Dritte ist aber die dingliche Natur; diese darf nur durch die Eintragung entstehen, und so kommen denn beide Fassungen auf dasselbe hinaus, wenn Hypothek im Sinne des zweiten Grundsatzes genommen wird.

Der erste Abschnitt im ersten Satze der Bornemann'schen Anträge ist mit diesem Grundsatze übereinstimmend. Vielleicht soll im zweiten Satze des Meyer'schen Antrages in Betreff der Hypothek dasselbe ausgedrückt sein; so wie dieser Satz aber abgefaßt, ist derselbe, nach dem, was beim ersten hier aufgestellten Grundsatze bemerkt ist, für unhaltbar zu erklären. Dagegen muß der unserm dritten Grundsatze widerstreitende Satz 6 des Bornemann'schen Antrages als eine Inkonsequenz und eine unnöthige Konzession für einen angeblich dadurch erleichterten Verkehr, verworfen werden.

Durch die Eintragung in die Bücher wird für den, auf dessen Namen der Eintrag geschieht, der Besitz der Hypothek erworben und kann konsequenter Weise nur durch die Umschreibung an einen Dritten übertragen und für diesen erworben werden.

Für den Verkehr ist durch eine außergerichtliche Uebertragung keine Erleichterung geschaffen worden, denn in derselben Weise, wie eine Cession, kann ein Mandat zur Umschreibung ausgestellt werden. Durch eine Privat-Cession läuft der Erwerber alle Chancen eines aus dem möglichen Mangel einer richtigen Legitimation möglichen Anfechtungsgrundes. Für die Hypotheken-Bücher hat aber die Gestaltung einer außergerichtlichen Cession den Nachtheil, daß die Bücher nie à jour sind, welcher sich namentlich bei Separationen für den Grundbesitzer fühlbar macht. Dasselbe übrigens, was, wie oben bemerkt, gegen die Gestattung einer rechtlichen Wirkung der außergerichtlichen Uebertragung des Besitzes von Grundeigenthum spricht, ist auch auf Privat=Cessionen von Hypotheken anwendbar.

Vierter Grundsatz:

> Nur auf Antrag Desjenigen, welcher in den Eigenthums= oder Hypothekenbüchern als Besitzer von Grundeigenthum oder einer Hypothek darauf eingetragen steht, eventualiter dessen gesetzlichen Vertreter oder in Gemäßheit eines, den Konsens supplirenden rechtskräftigen Erkenntnisses, darf in diese Bücher etwas eintragen oder darin verändert, umgeschrieben oder getilgt werden.

Auch dieser Grundsatz hat sich aus Deutschem Rechte gemäßem Verfahren naturgemäß entwickelt.

Deutsches Recht kennt nur öffentliches und mündliches Verfahren und zwar vor Gerichten, welche bestimmte, ein für alle Mal angesetzte Gerichtstage hielten.

Der Zweck der Gerichtsthätigkeit, welcher hier in Betracht kommt, war, den Besitz von Grundeigenthum und dinglichen Rechten daran erkennbar zu machen. Da nun Besitz seiner Natur nach nur körperlich übertragen werden kann und folglich auch nur von Dem, welcher ihn hat, so mußte und konnte der betreffende Antrag auch immer nur von dem Inhaber des zu übertragenden Rechts ausgehen. Das Gericht prüfte nur seine Legitimation dazu und gab, wenn diese in Ordnung war, durch das vom Gerichtschreiber geführte Protokoll dem Vorgefallenen die Publizität. Ein solches Verfahren ist ebenso einfach als sicher und unanfechtbar; denn es ist ja eine Einrede unmöglich von Demjenigen, welcher vor Gericht seine Einwilligung gegeben hat.

Der sogenannte gemeinrechtliche schriftliche Civilprozeß verdrängte das mündliche und öffentliche Verfahren. Die alten Eigenthums= und Rente=Bücher verwandelten sich in die sogenannten Kontrakten=Bücher, in welche auch auf Antrag der zur Hypothek Berechtigten eingetragen wurde. Dadurch vornehmlich wurde den gesetzlichen Pfandrechten Thür und Thor geöffnet. Die Gesetzgeber, welche zuerst die Bahn brachen mit organischen Hypotheken=Ordnungen, beschränkten sich auf Verbesserungen der daraus hervorgegangenen Zustände, anstatt das alte Deutsche Verfahren wieder herzustellen.

Nur die Hansestädte haben fest an dem Deutschen Verfahren von je her gehalten; und Mecklenburg hat dasselbe, wenn auch nicht ganz konsequent, doch dem Wesen nach in seiner neueren Gesetzgebung aufgenommen, worin vornehmlich eine der mehreren anerkannten Vorzüge der Mecklenburgischen Einrichtungen für das Hypothekenwesen besteht.

Wenn die Wirkung der Hypothek gegen Dritte oder, wenn man sagen will, die Entstehung der Dinglichkeit derselben an eine Form, nämlich die Eintragung geknüpft ist, so darf wohl gesagt werden, daß der Schwerpunkt aller Verbesserungen beim Hypothekenwesen im Verfahren liege.

Die Einrichtung eines dem Grundsatze gemäßen Verfahrens bedarf keiner besonderen Vorarbeiten, keiner Veränderung der Bücher, wenn gleich Protokollen nach Art der Deutschen Rentebücher vom praktischen Gesichtspunkte aus unbedingter Vorzug vor Spezial-Acten wird gegeben werden müssen.

Es ist übrigens sehr einfach, eine Probe zu machen, indem man Akten über einige Grundstücke nimmt und alles darin Vorgefallene nach dem aufgestellten Grundsatze bucht. Es wird sich dann zeigen, welche Vereinfachung, welche Ersparniß an Arbeit erreicht wird, und welche Sicherheit zugleich; alle Kollision des hypothekarischen Darlehns mit gesetzlichen Pfandrechten und persönlichen Ansprüchen ist unmöglich gemacht; alle Kontroverse, wenn ein Posten als giltig eingetragen anzusehen, ist abgeschnitten, das Unwesen mit den Vormerkungen beseitigt.

Diesem Grundsatze gemäß ist auch das, was ad 1 im Bornemann'schen Antrage mit den Worten gesagt ist: „Die Eintragung erfolgt auf Grund einer dieselbe bewilligenden Erklärung der Person, welche als Eigenthümer des in Rede stehenden Grundstücks eingeschrieben steht." Aber im direkten Widerspruche hiermit und also auch mit dem aufgestellten Grundsatze sind die Schlußworte: Eine die Eintragung anordnende Verfügung des Prozeß-Richters ersetzt die Erklärung.

Allerdings bedarf in einigen Fällen dieser zweite Grundsatz eines den Konsens ergänzenden Surrogates, wenn der Inhaber gestorben oder wenn sein Recht durch eine juristische Nothwendigkeit auf einen Anderen übergegangen ist, z. B. im Konkurse, wo Curatores bonorum für den fallirten Inhaber eintreten. Dies ist im aufgestellten Grundsatze mit den Worten: gesetzliche Vertreter, ausgedrückt. Der dritte Fall ist, wenn der Inhaber des Rechts die pflichtmäßige Konsensertheilung rechtswidrig verweigert. Von den beiden Wegen, welche Demjenigen offen stehen, welcher den Konsens zur Uebertragung auf ihn verlangen kann, entweder den Verpflichteten durch das Gericht durch Androhung von Strafen zwingen zu lassen, den Konsens zu ertheilen, oder das Gericht anzugehen, den Konsens zu suppliren, ist letzterer der zweckmäßigste und überdies übereinstimmend mit den allgemeinen Grundsätzen von Exekution auf eine obligatio faciendi. Aber es bedarf dazu eines *rechtskräftigen* Erkenntnisses des Gerichts. Mit dem, den Konsens supplirenden Erkenntnisse in der Hand ist die Eintragung von Dem, zu dessen Gunsten der Konsens supplirt ist, zu beantragen. Das ist unendlich verschieden von einer Eintragung *auf* Verfügung eines Gerichts. Das Gericht mag wohl befugt sein, unter den Voraussetzungen, unter welchen dasselbe einen Arrest verfügen darf, auch auf Anhalten eines Berechtigten, ein Inhibitorium gegen Umschreibungen in den Hypothekenbüchern zu erlassen, eine Sperre des Folii zu verfügen; aber durch eine Verfügung eine Einschreibung zu bewirken, darf es ebensowenig befugt erachtet werden, als auf eine bloße Verfügung Jemandem ein Eigenthum zu entreißen.

Um indessen das möglichst Vollkommenste zu erreichen, ist es nothwendig, daß auch beim Hypothekenwesen öffentliches und mündliches Verfahren eingeführt werde, so daß das betreffende Gericht an ein für alle Mal bestimmten Tagen öffentliche Sitzung zur Annahme von Anträgen, deren schriftliche Formulirung nicht ausgeschlossen ist, und zur sofortigen Entscheidung in Hypotheken-Angelegenheiten halte, außerdem aber keine Anträge durch Post oder sonst wie annehme, sondern Alles allein in der Audienz anbringen lasse von Denjenigen, welche Legitimation haben, es vorzubringen. Nur dadurch ist es zu erreichen, daß die Bücher à jour gehalten werden können und in einer zu jeder Zeit Uebersicht und vollkommene Gewißheit gewährenden Ordnung.

Ist in solcher Weise das Verfahren vereinfacht, so werden auch die Hypotheken-Instrumente oder Scheine einfach sein können. Diese können und dürfen nichts Anderes sein, als die betreffenden Auszüge aus den Hypothekenbüchern, denn ihr alleiniger Zweck kann ja nur darin bestehen, Diejenigen, welchen die Bücher selbst nicht vorliegen, von dem betreffenden Inhalte zu unterrichten.

Es ist dabei gleichgiltig, ob die jetzt so ziemlich allgemein gebräuchlichen Obligationen beibehalten werden, oder ob die einfache Erklärung genügen solle, zu Gunsten eines Genannten eine bestimmte Kapitalsumme mit gewissen Zinsen in ein Grundstück eintragen und versichern zu wollen. Es hat sogar keinerlei Schwierigkeit, den Grundbesitzern die Wahl zu lassen, Hypotheken auf Inhaber oder Namen eintragen zu lassen.

Demnach ist im Allgemeinen demjenigen voller Beifall zu schenken, was in den Sätzen 2 und 3 des Bornemann'schen Antrages als wünschenswerth bezeichnet ist. Es möchte indessen ein solches Detail kaum als Gegenstand der Berathung des Deutschen Juristentages angesehen werden können. Bei konsequenter Durchführung des hier aufgestellten vierten Grundsatzes erledigen sich solche Details von selbst.

Werden dagegen die Einträge in die Eigenthums- und Hypotheken-Bücher auf Antrag Derjenigen gemacht, welche ein Recht auf das Eigenthum oder die Hypothek zu haben vermeinen, so folgt das sogenannte

Legitimitäts-Prinzip von selbst, es ist dies die einfache unabänderliche Consequenz aus solchem Verfahren.

Es ist auffallend, daß es den Gesetzgebern, welche dies letztere Verfahren eingeführt, also für das richtige erkannt haben, gar nicht zum Bewußtsein gekommen zu sein scheint, daß dadurch dem Prinzip, den Real-Kredit zu befördern, direkt zuwidergehandelt wird. Dies geschieht aber, wenn die Folien den Kreditoren zugänglich gemacht werden, um sich Privilegien wider den Willen und hinter dem Rücken des Grundbesitzers zu verschaffen. Nach dem Prinzip der Beförderung des Realkredits können die Folien nur für den Grundbesitzer eingerichtet betrachtet werden, zur Erleichterung der Erlangung hypothekarischer Darlehen zu möglichst billigen Bedingungen für die durch die Eintragung gegebene Sicherheit.

Fünfter Grundsatz:

> Im Konkurse bildet jedes auf einem Folium eingetragene Grundstück mit seiner Belastung eine Spezialmasse für sich, aus welcher nur der Ueberschuß des von den eingetragenen hypothekarischen Gläubigern und den Kosten nicht in Anspruch genommenen Verkaufspreises in die Generalmasse fällt.

Dies ist ein Hauptpunkt, eine Lebensfrage für den Realkredit. Es ist durchaus nothwendig, daß der hypothekarische Gläubiger vom Konkurse des Besitzers des ihm verpflichteten Grundstücks unberührt bleibe. Es folgt auch schon aus der Natur der Sache. Einem solventen Schuldner gegenüber ist kein Bedürfniß nach spezieller Sicherheit. Gerade für den Fall, daß der Besitzer des Grundstücks, der hypothekarische Schuldner, aufhört, solvent zu sein, hat sich der hypothekarische Gläubiger die Sicherheit geben lassen. Diese Sicherheit muß ihm im Konkurse unberührt bleiben. Wenn also Curatores bonorum verkaufen, so muß das Grundstück verkauft werden, wie es beschwert ist. Die beim Verkaufe gedeckten Pöste gehen mit dem Grundstücke auf den Käufer über, welcher solche in Abrechnung auf den Kaufpreis übernimmt. Nur die Person des Besitzers verändert sich beim freiwilligen, wie auch beim gezwungenen Verkaufe, sonst nichts; nur die eingetragenen hypothekarischen Gläubiger, deren Pöste beim Verkaufe nicht gedeckt werden, sind verpflichtet, ihre Hypotheken zu tilgen, und können dazu gezwungen werden.

Hierbei ist natürlich nicht ausgeschlossen, daß das Gesetz nicht bestimmten Forderungen absoluten Vorzug einräumt. Diese dürfen aber keine andern sein, als solche, welche sich auf das Grundstück beziehen, nämlich die das Grundstück betreffenden öffentlichen und Kommunal-Abgaben, laufende Feuer- und Hagelversicherungs-Prämien; bis zu einem bestimmten Zeitraume, etwa ein oder zwei Jahr, rückständige Renten, Leistungen und Zinsen gedeckter Hypotheken; während des Konkurses entstanden nothwendige Auslagen zur Erhaltung des Grundstücks, sowie Verkaufs- und Umschreibungskosten, vorausgesetzt, daß solche aus etwa eingegangenen Revenuen nicht bezahlt werden können. Diese Posten lassen sich bei jedem Grundstück im Voraus annähernd berechnen und schadet eine Bevorzugung derselben dem Realkredit daher nicht.

Die Feststellung dieses, freilich zum Konkursrechte gehörenden Punktes ist bei der Hypothekengesetzgebung unerläßlich.

Ein von diesem Grundsatze abweichendes Verfahren ist zunächst die Quelle von Verlusten, zumal an Zinsen, und von Weitläufigkeiten, welche die Lust, Gelder auf Hypotheken anzulegen, verleidet und dem Realkredit, auch bei sonst guten Einrichtungen, empfindlich schadet.

Was nun speziell den Zusatzantrag des Herrn Kreisrichters Geck betrifft, „daß dem Prinzip der Publizität auch in subjektiver Hinsicht durch unbedingteste Gattung der Einsicht des Hypothekenbuchs und der dazu überreichten Urkunden Geltung zu verschaffen sei," scheint derselbe keine genügende Veranlassung geben zu können, daß der Deutsche Juristentag sich eingehend damit beschäftige.

Ein berechtigtes Interesse, die Bücher einzusehen, hat nur Derjenige, welcher ein Grundstück kaufen, hypothekarische Darlehen darauf geben oder darin übernehmen will. In allen diesen Fällen ist es überall leicht, sich die nöthige Einsicht zu verschaffen. Nachtheil für den Realkredit kann nicht daraus entstehen, wenn Jedem gegen eine Gebühr jede Einsicht gestattet wird. In der Praxis aber macht sich die Sache von selbst, und mag daher jedem Gesetzgeber anheimgestellt werden, sich darin zu entscheiden, wie er es am zweckmäßigsten hält.

In solcher Weise glaubte nun der Verfasser dieser Zeilen, ein dem Beschlusse des zweiten Juristentags am besten entsprechendes Gutachten zu geben.

Das Resultat würde sein, daß den einzelnen Sätzen im Bornemannschen Antrage und auch dem Meyer'schen Antrage, sofern er mit jenem übereinstimmt, im Allgemeinen die vollste Anerkennung und Zustimmung zu ertheilen sein möchte, daß indessen der Inhalt, wenn er geeignet sein soll, einer Deutschen Hypothekengesetzgebung zum Grunde gelegt zu werden, in der diesseits angegebenen Weise formulirt werden müsse.

№ 4.

Gutachten

über

die Gesetzgebungsfrage, betreffend die bindende Kraft der Beweis-Interlokute.

J.

Gutachten des Finanzprokurators, Rechtsanwalts Julius Herrmann Beschorner in Dresden.

Die ständige Deputation des Deutschen Juristentags hat mich aufgefordert, meine gutachtliche Meinung über die Frage kund zu geben:

> Soll der erste Richter an ein von ihm erlassenes Beweis-Interlokut bei der Hauptentscheidung gebunden sein?

Bevor diese Frage genügend beantwortet werden kann, ist es durchaus nöthig, den richtigen Standpunkt zu gewinnen, von welchem aus dieselbe zu prüfen ist. Auch ist es erforderlich, sich in das Gedächtniß zurückzurufen, was in Bezug auf die künftige Einrichtung des Civilprozeßverfahrens und der Gerichte, insbesondere aber in Bezug auf das Beweis-Interlokut im Allgemeinen von dem letzten Juristentage beschlossen worden ist und daher gewissermaßen rechtskräftig bereits feststeht. Denn Niemand wird wohl daran zweifeln, daß jeder folgende Juristentag in der Regel als die Fortsetzung des früheren zu betrachten ist, und daß mithin Dasjenige, was auf einem vorhergehenden die Majorität beschlossen hat, als maßgebend für den nächsten dienen muß, wenn dieser nicht auf besonders gestellten Antrag aus überwiegenden Gründen sich veranlaßt sehen sollte, von einem früheren Beschlusse wieder abzugehen.

Hiernach müssen als feststehende Axiome folgende Sätze angenommen werden:

1) Der Schwerpunkt des nach dem Grundsatze der Oeffentlichkeit und Mündlichkeit zu regelnden Verfahrens in bürgerlichen Streitsachen vor Kollegialgerichten liegt in der mündlichen Verhandlung;

Makower'scher Antrag mit dem Odebrecht'schen Amendement, angenommen in der ersten Sitzung der 4ten Abtheilung des 2ten Deutschen Juristentags und vom Plenum;

Deutsche Gerichtszeitung, 3ter Jahrgang Nr. 66, S. 265, Nr. 67, S. 269,

und

2) die Ausführung eines vom Richter angeordneten Beweises kann durch Rechtsmittel nicht aufgehalten werden.

Modificirter Waldeck'scher Antrag, angenommen in der ersten Sitzung der 4ten Abtheilung des 2ten Juristentags und vom Plenum.

Deutsche Gerichtszeitung, 3ter Jahrgang S. 265 u. 270.

Man wird also bei Beurtheilung der vorliegenden Frage sich ein Prozeßverfahren zu denken haben, welches die Schnelligkeit des Prozeßganges und die Garantie einer richtigen, das wahre Recht treffenden Urtheilsfällung durch Entscheidungen anstrebt, die auf den Eindruck einer unmittelbar vor dem erkennenden Richter gepflogenen mündlichen und gleichzeitigen Verhandlung beider streitenden Parteien basirt sind, wie dies im Hannoverschen Prozesse der Fall ist. Man würde daher bei Beantwortung der vorliegenden Frage sich auf einen unrichtigen, mit den Beschlüssen des Juristentags nicht harmonirenden Standpunkt stellen, wollte man dabei ein Verfahren voraussetzen, welches nicht die reine Maxime der Mündlichkeit konsequent verfolgt, sondern schriftliches Verfahren mit mündlicher Schlußverhandlung, wie z. B. in Preußen, vorschreibt.

Wenn der Juristentag beschloß, der Schwerpunkt des künftigen Civilprozeßverfahrens solle in der Mündlichkeit liegen, so ging er davon aus, daß durch die Unmittelbarkeit, Frische und Lebendigkeit der dem erkennenden Richter vorgeführten Verhandlungen, durch die seinen Augen vorgelegten Beweise und durch die Gleichzeitigkeit der Vorführung und Prüfung des Stoffes im Originale, und der Gründe, die beide Parteien für sich geltend zu machen suchen, die Aufmerksamkeit des erkennenden Richters in weit höherem Grade gespannt, sein Nachdenken geschärft und sein Urtheil vor Irrthum bewahrt werde. Man wird aber auch ferner bei Prüfung und Beurtheilung der zu lösenden Aufgabe davon auszugehen haben, daß den Parteien durchaus das Recht abgeschnitten ist, gegen das Beweisresolut des Richters erster Instanz mit dem Erfolge ein Rechtsmittel einzuwenden, daß sie von der Ausführung eines ihnen auferlegten Beweises sich befreien oder ein anderes Beweisthema vorgelegt verlangen könnten. Denn es muß als vom Juristentage rechtskräftig und endgiltig entschieden betrachtet werden, daß das Beweis-Interlokut nicht appellabel ist und daß mithin der Richter in seinen Beweisanordnungen, denen unbedingt Folge zu leisten ist, nicht gestört werden darf.

Ich glaube mich mit der Behauptung nicht zu irren, daß auf diese Weise die Grenzen für den Standpunkt richtig gezogen sind, auf welchen ich mich zu stellen habe, wenn die Frage, über welche mein Gutachten verlangt worden ist, richtig beantwortet werden soll.

Wenn man nun diesen Standpunkt einnimmt, so muß meines Erachtens die mir gestellte Frage unter gewissen Voraussetzungen und Modifikationen aus mehrfachen Gründen bejaht werden.

Dafür, daß der Richter an sein eignes Beweisdekret bei der Hauptentscheidung zu binden ist, spricht

1) der Umstand, daß dies der einfachste, natürlichste, dem Geiste des mündlichen, unmittelbaren Verfahrens entsprechendste Weg ist,

ferner

2) daß dadurch die Prozesse abgekürzt werden, indem dadurch die Wiederaufnahme eines neuen Beweisverfahrens und die Zurückkehr zu einem früheren Stadium des Prozesses unter inzwischen veränderten Verhältnissen in der Besetzung des Gerichtes und Störung der Einheit und Gleichzeitigkeit der Verhandlung abgeschnitten wird,

ferner weil man dadurch

3) das Ansehen des erkennenden Gerichtes aufrecht erhält, das offenbar geschwächt wird, wenn sich dasselbe geirrt zu haben bekennt und sich selbst verbessert,

endlich spricht dafür noch

4) die Erfahrung in den Ländern, in welchen mit Erfolg die Bestimmung durchgeführt worden, daß der Richter an sein Beweisdekret gebunden bleibt, womit auch die Ansicht vieler Praktiker und Theoretiker übereinstimmt.

Zu 1.

Gewiß ist, wie überall, der natürlichste Weg zugleich der praktischste und beste. Der Richter soll bei der mündlichen Verhandlung das wahre thatsächliche Verhältniß zu konstatiren suchen; er bedient sich dabei des Fragerechtes, er legt sich den Stoff, den ihm die Parteien durch ihre Angaben liefern, zurecht; er sichtet und prüft, was von den vorgebrachten Thatsachen auf beiderseitigem Einverständniß beruht, was als erwiesen anzunehmen ist, und scheidet davon aus, was noch zu erörtern und zu erweisen ist. Hat er über alles dieses Klarheit erlangt, so bestimmt er durch ein Dekret Beweislast und Beweisthema. Die Parteien treten nun den Beweis an; der Richter befragt die angegebenen Zeugen, sieht die vorgelegten Urkunden ein, nimmt Lokalbesichtigung, Augenschein vor, prüft die Statthaftigkeit des Eidesantrags ꝛc. Wenn nun die angeordneten Erhebungen erfolgt sind und das ganze Beweismaterial zu übersehen ist, so liegt doch nichts näher für den Richter, der darauf nun die erste Entscheidung stützen soll, als sich zu fragen: Hat sich durch den erfolgten Beweis die Sachlage gegen früher, gegen den Zeitpunkt, als der Richter sein erstes Beweisdekret ertheilte, so wesentlich geändert, daß das vorhandene Material noch nach einer andern Seite hin instruirt, da oder dort eine Lücke ausgefüllt, über diesen oder jenen Punkt eine Auskunft noch eingeholt oder eine nachträgliche Befragung eines Zeugen noch bewirkt werden muß? Es ist daher doch das Allernatürlichste von der Welt, daß er, ehe und bevor er die erste Entscheidung giebt, durch ein anderweites Dekret den Parteien gegenüber sich darüber ausspricht, worüber er noch weitern Nachweis vermißt, was nachträglich noch beigebracht und erwiesen werden soll. Warum soll das, was viel kürzer und zweckmäßiger vor der Entscheidung abgemacht werden kann, erst durch eine Entscheidung angeordnet werden, gegen welche noch dazu das Rechtsmittel der Berufung gebraucht werden kann?

Das führte ja zu dem vom Juristentage verworfenen und mit den Anschauungen der Neuzeit auch nicht in Einklang stehenden System der Appellabilität der Beweisinterlokute wieder zurück; denn man würde der Partei, welcher in der ersten Entscheidung, dem Beweisdekrete entgegen, vielleicht ein schwieriger Beweis eines Punktes, mit dem sie bisher verschont worden war, auferlegt worden ist, die Appellation nicht abschneiden können, während wenn man, wie gewiß zweckmäßig, dem Richter die Erlaubniß ertheilt, dann, wenn sein erstes Beweisdekret zur Ausführung gekommen, sich aber nicht als genügend und erschöpfend erwiesen, durch ein anderweites Resolut das Fehlende nachholen zu lassen, viel leichter und einfacher zum Ziele gelangt. Der Richter muß, zumal beim mündlichen unmittelbaren Prozeßverfahren, sich doch im Fortgange der Prozeßverhandlungen immer fragen: Liegt die Sache jetzt so, ist der Stoff so geordnet und zurecht gelegt, daß er als reif zu einer Entscheidung betrachtet werden kann? Diese Frage muß ihm vorzüglich dann ganz klar sein und er muß sie sich bejahend beantworten können, wenn er sich anschickt, die Entscheidung zu geben. Stößt er hierbei auf Zweifel, findet er Lücken, Unklarheiten, oder bemerkt er gar, wenn er die Resultate des Zeugen- oder Urkundenbeweises, die Stellen einer vielleicht erst ganz zuletzt beigebrachten Urkunde mit seinen bisherigen Anschauungen, den Resultaten seiner bisherigen Diagnose des Falles vergleicht, daß sein erstes Beweisdekret den Nagel nicht auf den Kopf getroffen, daß das thatsächliche Verhältniß eine andere Gestalt gewinnt, nun da giebt es doch nichts in der Natur der Sache Begründeteres, nichts Praktischeres, als daß er die Entscheidung eben noch bei Seite setzt und die Sache nach der Richtung hin noch besser und vollständiger instruirt und erheben läßt, die zu einer richtigeren Anschauung der Dinge und zu einer gerechten Entscheidung führt.

Man wende nicht ein, daß ein solches Verfahren zu einer Schraube ohne Ende werden könnte, indem ja dann dem Richter keine Grenzen vorgeschrieben wären und, wenn das zweite Beweisdekret ausgeführt und die darnach erfolgten Erhebungen dem Richter noch nicht genügten, ein drittes, ein viertes erfolgen und der Prozeß kein Ende nehmen würde.

Dem ist entgegen zu halten, daß diese Befürchtung nicht eintreten wird, da man dem guten Willen und der Geschicklichkeit des Richters doch vertrauen und bei ihm voraussetzen darf, daß er schon bei Ertheilung eines zweiten Beweisdekretes mit der größten Sorgfalt und Umsicht zu Werke gehen werde, um nicht noch einmal Weiterungen zu verursachen. Hierzu kommt, daß es schon zu den seltenen Ausnahmen von der Regel gehören wird, daß die Sachlage durch die in Folge des ersten Beweisdekretes erfolgten Erhebungen eine so ganz andere Gestalt annehmen sollte, daß gleichsam eine Nachlese gehalten und ein zweites Beweisdekret ertheilt werden muß.

Einer der ausgezeichnetsten Preußischen Juristen, Dr. C. F. Koch, hat sich für die hier ausgesprochene Methode ebenfalls erklärt. In dem von ihm herrührenden Entwurfe einer Civilprozeßordnung für den Preußischen Staat, Berlin 1848, und zwar im Vorbericht Seite XXVI. und XXVII. spricht sich Koch für den Grundsatz aus, daß die Beweisinterlokute nicht der Rechtskraft fähig und daher auch nicht der Appellation unterworfen werden sollen. Aber er fügt den — gegen das frühere Preußische Recht — neuen Prozeßrechtssatz hinzu, daß die Richter an ihr eigenes Resolut für die erste Instanz insoweit gebunden sind, daß sie nicht bei der spätern Entscheidung, den Parteien ganz unerwartet, von einer andern Ansicht über die Beweislast und das Beweisthema ausgehen dürfen; vielmehr sollen sie, wenn sie später zu einer andern rechtlichen Ueberzeugung darüber gelangen, dieses zuvor in einem Interlokut ausdrücken und den Parteien Gelegenheit zur Verhandlung und zur veränderten Beweisführung geben.

In Uebereinstimmung hiermit hat Koch im §. 235 seines Entwurfs S. 98 die betreffende Anordnung so normirt:

„Ist die Sache nicht spruchreif, so hat das Gericht ein Resolut abzufassen, welches Dasjenige, was noch für erforderlich gehalten wird, bestimmt vorschreibt und, wenn eine Beweisaufnahme erfolgen soll, den Beweissatz normirt, die Beweislast festsetzt und die Beweismittel bezeichnet, auch die Audienz, in welcher die Handlung vor sich gehen soll, bestimmt oder den Kommissarius, vor welchem sie vollzogen werden soll, ernennt. An diesen Beschluß ist der Richter für diese Instanz insoweit gebunden, daß, wenn er später von der Festsetzung der Beweislast abgehen will, er vor Abfassung des Endurtheils durch einen, die Beweislast anders bestimmenden Beschluß der betroffenen Partei eine Frist von 14 Tagen bis 4 Wochen zur Beweisantretung gestatten muß.

Gegen das Resolut findet kein Rechtsmittel statt; die Beschwerden dagegen können nur bei Gelegenheit der Appellation ausgeführt werden."

Ich würde gegen die Wahl des Wortes „Beweislast" die Einwendung machen, daß dieses Wort den Begriff zu eng faßt. Die Juristen des gemeinen Rechts verstehen unter Beweislast nur die Frage wegen Verpflichtung zum Beweis, ob Kläger oder Beklagter den oder jenen Umstand zu beweisen habe. Dr. Koch ist aber gewiß doch der Ansicht, daß auch dann, wenn der Richter ein anderes Beweisthema, einen anderen Beweissatz dem früheren substituiren will, er ein neues Interlokut deshalb ertheilen darf, nicht blos wenn er sich rücksichtlich der Vertheilung der Beweispflicht geirrt zu haben glaubt. Möglicherweise ist die Terminologie in Preußen eine andere, als z. B. in Sachsen, und man versteht in Preußen das Wort Beweislast in einem engern und in einem weitern Sinne, in welchem letzteren auch das Beweisthema mit enthalten ist.

Auch ich habe mich früher schon in meinem Aufsatze über die Zweckmäßigkeit der Abschaffung der Appellabilität und der Rechtskraft des Beweisinterlokutes im Archive für civile Praxis, 33. B. S. 190 ff. 198, ür die von mir jetzt wieder vertheidigte Ansicht ausgesprochen, der auch u. a. Planck, die Lehre vom Beweisurtheil, Göttingen 1848, S. 397, zugethan ist, welcher davon auch nichts wissen will, dem Richter das Recht einzuräumen, bei der Entscheidung von seinem eignen Beweisdekrete wieder abzugehen.

Dagegen mag es der zweiten, bez. dritten Instanz auf Antrag der einen oder andern Partei unverwehrt sein, die Frage wegen des Beweises nochmals in das Reich iher Prüfung zu ziehen und ausnahmsweise auf nachträglichen Beweis zu interloquiren. Es wird dies aber um so seltener vorkommen, je mehr dem Richter der ersten Instanz vom Anfang an Gelegenheit gegeben worden, das thatsächliche und rechtliche Verhältniß ganz zu erschöpfen und so darzulegen, wie es sich in Wahrheit verhält, auch für den Erweis dieser Thatsachen mit solcher Umsicht zu sorgen, daß derselbe nicht als verfehlt, auf irrelevante Thatsachen erstreckt betrachtet werden könne.

Man braucht sich daher gewiß nicht der Befürchtung hinzugeben, es werde häufig die zweite Instanz die Wiederaufnahme des Beweises von vorn anordnen und dadurch den Prozeß zu einem solchen gestalten, dessen Ende unabsehbar sei. Das hieße, dem Gericht zweiter Instanz wenig Einsicht und Takt zutrauen.

Bei uns im Königreich Sachsen, wo in Bezug auf das Beweisverfahren das gemeine Recht mit appellablem Beweisurtheil, das der Rechtskraft fähig, gilt, steht es auch, ungeachtet des Grundsatzes, daß rechtskräftige Erkenntnisse für die Parteien bindende Kraft erlangen und daß dadurch zwischen den Parteien formelles Recht begründet wird, dem erkennenden Richter frei, in dem Falle, wenn die Einrede der dunkeln oder inepten Klagschrift bei Abfassung früherer Erkenntnisse übergangen und nichtsdestoweniger auf die Einlassung rechtskräftig erkannt worden — mit anderen Worten, wenn man übersehen hat, daß die Klage unschlüssig war, und, anstatt sie abzuweisen, auf den Beweis irrelevanter Thatsachen erkannt hat — auf Ergänzung des Beweises oder Verbesserung desselben, wenn es an Beibringung dieses oder jenes erst später als relevant sich herausstellenden Punktes fehlt, zu erkennen. Ja, es ist dem Richter sogar erlaubt, in gewissen Fällen die Klage nach geführtem Beweise und Gegenbeweise in der Definitivsentenz noch abzuweisen, z. B. wenn der Klage Prohibitivgesetze entgegenstehen, welche der Richter, der auf Beweis erkannte, übersehen hat, oder wenn die Klage so dunkel und sinnlos ist, daß der Richter, der Verhandlungsmaxime entgegen, ganz neue in der Klage und überhaupt von den Parteien im Prozesse gar nicht behauptete Thatsachen eigenmächtig herbeiziehen und den Parteien suppeditiren müßte. Allein trotzdem, daß der Richter in Sachsen zu allen diesen außerordentlichen Maßnahmen ermächtigt ist, ergreift er sie doch äußerst selten; mir ist z. B. in meiner umfangreichen 27jährigen Praxis noch kein Fall vorgekommen, wo in der Definitivsentenz die Nachholung eines Beweises angeordnet oder gar die Klage in der angebrachten Maße abgewiesen worden wäre. Der Richter trägt natürlich mit Recht Bedenken, ein Jahre lang mühsam und künstlich aufgebautes Werk, wenn es auch mißgestaltet worden, wieder umzustoßen, und zieht es vor, lieber gegen seine bessere Ueberzeugung, aber auf der Rechtskraft fußend, ein formelles Recht zu schaffen, das freilich mit dem wahren Rechte häufig im grellsten Widerspruch steht.

Dieselben Rücksichten, derselbe Takt nun, der die Richter in Sachsen zeither leitete und vermöge dessen sie nicht ohne die dringendste Noth nach geführtem Beweise und Gegenbeweise neue Beweise anordneten und den Prozeß von Frischem wieder beginnen ließen, wird auch in Zukunft den Richtern beiwohnen, welche bei dem neuen Verfahren in zweiter Instanz darüber zu entscheiden haben, ob der Beweis auf die richtigen, relevanten Thatsachen erstreckt und mithin die Beweisergebnisse erschöpfend sind oder nicht. Er wird weit seltener in die Lage kommen, wie der Sächsische Richter, der noch mit den Nachtheilen eines steifen, appellablen, der Rechtskraft fähigen Beweisinterlokutes und andern ungenügenden Einrichtungen zu kämpfen hat, da ihm durch die zweckmäßigen Hülfsmittel des neuen Verfahrens, durch die Unmittelbarkeit und Mündlichkeit der Verhandlung, die frische und lebendige Darstellung des zu behandelnden Stoffes, über den nachher entschieden werden soll, und durch das ihm zu ertheilende Fragerecht soviel Handhaben geboten sind, um dem wahren Hergange der Dinge auf die Spur zu kommen und auf den Beweis nur der relevanten Thatsachen zu dekretiren.

Den Richter erster Instanz bei seiner Entscheidung an das Beweisinterlokut zu binden, entspricht aber auch dem Geiste des mündlichen und unmittelbaren Prozeßverfahrens am meisten, insbesondere aber der dabei mit verfolgten Rücksicht, daß die mündliche Verhandlung eine gewisse Einheit, Gleichzeitigkeit erhalte und wie aus Einem Gusse hervorgehe, damit der frische, lebendige Eindruck der Verhandlung in seiner Totalität auf den Richter wirke und seine Entscheidung bedinge; daher geht die Hannoversche Prozeßordnung im §. 218 ebenfalls davon aus, das Gericht an das Beweisinterlokut, das es erlassen, zu binden. In den Motiven zu diesem §. heißt es: „Gegen diese Ansicht — nämlich den Richter erster Instanz nicht an sein Beweisinterlokut zu binden — sprechen vorzugsweise zwei Gründe. Der erste derselben ist mehr allgemeiner Natur und betrifft die Gefahr, welcher das Prozeßverfahren ausgesetzt ist, sobald es in einer und derselben Instanz nicht einmal, sondern selbst mehremal auf einen früheren Punkt wieder zurückgeworfen werden kann. Der zweite mehr spezielle Grund hängt mit der Natur des mündlichen Verfahrens zusammen. Wenn es ein unbedingtes Erforderniß ist, daß jedes Mitglied eines Gerichts von dem Gegenstande einer bestimmten Beurtheilung vollständige Kenntniß erhalten habe, die Rekonstruktion eines Gerichts aus denselben Personen in vielen Fällen aber nicht allein schwierig, sondern ganz unmöglich erscheint; wenn die Güte eines Urtheils dadurch bedingt wird, daß der zu beurtheilende Vorgang den zur Beurtheilung berufenen Personen in lebendiger Erinnerung sei, das menschliche Gedächtniß aber schwach und trügerisch ist, so stellen sich im mündlichen Verfahren Stadien, welche, indem sie eine frühere Verhandlung abschließen, die Grundlage für die folgende Verhandlung abgeben, als durchaus wünschenswerth dar. Ein solches Stadium bildet das Beweisinterlokut, sobald das Gericht, welches dasselbe erließ, daran gebunden bleibt. Ohne dieses Gebundensein würde, zumal wenn die Beweisaufnahme eine längere Zeit in Anspruch genommen hat, die Wiederholung der früheren Verhandlungen in sehr häufigen Fällen nicht zu vermeiden sein."

Die zuletzt angeregten Bedenken in Betreff der Veränderung des Personals des Gerichtes und Störung der Einheit und Frische der Verhandlung würden nicht gegen meinen Vorschlag eingewendet werden können, der darin bestand, dem Richter erster Instanz, vor Ertheilung der Entscheidung im vorkommenden Falle zu gestatten, ein anderweites Beweisdekret zu ertheilen, weil hierbei kein neues Stadium des Prozesses beschritten, sondern von demselben Gericht, das noch dieselben Mitglieder zählt, nur die Ausfüllung der Lücken, die Vervollständigung des ihm bekannten, noch in frischem Andenken befindlichen Stoffes angeordnet werden soll.

Zu 2.

Wenn man dem Richter erster Instanz erlaubt, bei der Entscheidung von seinem eigenen Beweisinterlokute wieder abzugehen, und ihm also beispielsweise gestattet, zu verlangen, daß dieser oder jener thatsächliche Umstand noch beigebracht werde, oder zu erkennen, daß der von ihm angeordnete und ausgeführte Beweis irrelevant und auf die Entscheidung der Sache einflußlos sei ꝛc., so dehnt man offenbar das Verfahren ohne Noth aus und verlängert den Prozeß. Denn da die Entscheidung über den Beweis in einem Erkenntnisse ausgesprochen wird, so muß man auch Rechtsmittel dagegen gestatten und es wird nun nach Befinden in mehreren Instanzen über Beweislast und Beweisthema gestritten. Diese gewiß oft beträchtliche Zeit erspart man, wenn nach meinem Vorschlage dem Richter vor Ertheilung der Entscheidung gestattet wird, durch bloßes anderweites Dekret, gegen welches kein Rechtsmittel stattfindet, ein Korrektiv für den Beweis zu ertheilen, wenn er eine Lücke, eine verfehlte Richtung des Beweises bemerkt. Der Richter muß, wie bereits bemerkt, bei Anordnung des Beweises und bei Prüfung und Beurtheilung des von den Parteien gelieferten Beweismaterials immer vor Augen haben, wie er künftig zu entscheiden haben wird. Er ist gezwungen, sich rechtzeitig den Stoff zurecht zu legen, und muß, wie ein tüchtiger Arzt, sich auf die Diagnose verstehen, er muß scharfsinnig unterscheiden und erforschen, welches Rechtsverhältniß vorliege, auf welche Punkte es ankomme, ob diese schon bewiesen seien oder nicht. Warum soll diese Thätigkeit des Richters erst bei Ertheilung der Entscheidung eintreten und in dieser das Resultat der Beurtheilung des Beweises niedergelegt werden, wenn vor Ertheilung der Entscheidung die Füglichkeit noch geboten ist, in der zweckmäßigsten Weise zu einer Zeit, wo die ganze Beweisverhandlung noch in frischester Erinnerung bei dem Richter ist, das Fehlende nachzuholen und das Gegebene zu erläutern und zu verbessern.

In Preußen kann bekanntlich der Richter bei seiner Entscheidung von dem von ihm ertheilten Beweisinterlokute abgehen. Sicherm Vernehmen nach kommt es daher daselbst nicht selten vor, daß von demselben Richter, der den Beweis angeordnet hat, der aufgenommene Beweis nachträglich für unerheblich erklärt wird, entweder weil das durch den Beweis erbrachte Thema nicht erheblich befunden worden, oder weil dem, der den Beweis zu führen versucht hat, die Beweislast nicht oblag, und daß der Richter nun so erkennt, als habe gar kein Beweis stattgefunden, oder endlich, daß er das erste Beweisresolut für nicht erschöpfend erklärt und auf anderweiten Beweis erkennt.

Zu 3.

Nichts ist wohl so sehr geeignet, Zweifel gegen die Lauterkeit und Gerechtigkeit der Justiz zu erregen und deren Ansehen und Würde zu gefährden, als die Unsicherheit eines Rechtsspruchs. Was soll der Laie von einem Gerichtshofe urtheilen, der sich selbst reformirt, seinen Irrthum eingesteht und dadurch wenigstens den Schein auf sich ladet, die Sache nicht sorgfältig und umsichtig genug aufgefaßt und instruirt zu haben? Das Recht muß ihm als eine wächserne Nase erscheinen, die man beliebig drehen kann.

Es ist daher politisch ganz unklug, Einrichtungen zuzulassen, die ganz dazu angethan sind, das Vertrauen zur Gerechtigkeitspflege zu schwächen. Der Glaube an eine gewisse Festigkeit und Stabilität der Rechtssprüche muß möglichst erhalten werden, damit sich nicht unter dem Volke die Meinung verbreite, es gebe verschiedenerlei Recht, und daraus eine Quelle des Argwohns gegen die Unparteilichkeit der Richter entspringe.

Wenn sich nun dem Uebelstande auf so leichte Weise abhelfen läßt, wie hier im vorliegenden Falle, wo es nur nöthig ist, den Richter vor der Entscheidung zu ermächtigen, eine Nachlese zu halten, Lücken und unaufgeklärte thatsächliche Umstände zur Klarheit zu bringen, da ist es Pflicht des Gesetzgebers, dieses Hülfsmittel anzuwenden.

Zu 4.

Die Erfahrung der Länder, in welchen vorgeschrieben ist, daß der Richter an sein Beweisinterlokut bei der Hauptentscheidung gebunden sei, spricht für die Zweckmäßigkeit derselben.

Es versteht sich, daß wo das gemeine Recht gilt und der Richter ein der Rechtskraft fähiges, der Berufung unterliegendes Beweisurtheil zu ertheilen hat, wie z. B. im Königreich Sachsen, auch der Grundsatz stets festgehalten worden ist, daß der Richter, der das Beweisurtheil fällte, nicht von demselben eigenmächtig wieder abgehen kann. Die höheren Instanzen sind freilich berechtigt, auf eingewendete Berufungen der einen oder andern Partei das Beweiserkenntniß zu reformiren; allein bei dem, was endgültig in letzter Instanz entschieden worden, bewendet es unbedingt und es wird an der Rechtskraft des Urtheils so fest gehalten, daß selbst dann, wenn sich bei Ertheilung der Definitive herausstellt, daß das Beweisinterlokut von Irrthümern ausgegangen ist und sich ergiebt, daß eine falsche Auffassung des Sachverhältnisses stattgefunden habe, der Richter an das Beweisurtheil gebunden ist.

Die Fälle, in denen es ausnahmsweise erlaubt ist, von der Rechtskraft des Beweisinterlokutes dennoch abzugehen (vergl. oben unter Nr. 1.), kommen äußerst selten vor, und selbst wenn die Voraussetzungen vorhanden sind, pflegen die Spruchbehörden selten von der abnormen Maßregel Gebrauch zu machen.

Es ist freilich zuzugeben, daß, wenn man bei dem ohnedies langsamen und schwerfälligen Beweisverfahren in Ländern des gemeinen Rechts, in denen die Appellabilität des Beweisinterlokutes gilt, auch noch gestatten oder gar erleichtern wollte, daß der Richter bei der Definitiventscheidung den geführten Beweis ignoriren und den Prozeß von vorn anfangen lassen könnte, das Ende eines Prozesses gar nicht abzusehen wäre. Immerhin kann aber doch dieses strenge Festhalten an dem Beweisurtheile als nachahmungswürdig auch für dasjenige Prozeßverfahren empfohlen werden, welches nur inappellable Beweisdekrete kennt. Auch in diesem hat man sich zu hüten, ohne dringende Noth die streitführenden Parteien auf ein früheres, bereits durchschrittenes Stadium des Prozesses wieder zurückzuwerfen und sie denselben Weg noch einmal betreten zu lassen. Noch schlagender aber als die Erfahrungen in Ländern des gemeinen Rechts sprechen die, welche man in Hannover gemacht hat.

Der §. 218 der Hannoverschen Prozeßordnung bestimmt ganz deutlich und unbedingt:

„Das Gericht, welches das Beweisinterlokut erlassen hat, ist an dasselbe gebunden."

Diese Vorschrift steht mit dem Geiste der Hannoverschen Prozeßgesetzgebung und dem Prinzipe derselben, daß ihr Schwerpunkt in der Mündlichkeit beruhe, im engsten, unzertrennlichsten Zusammenhange. Die Vortheile dieses Verfahrens würden ohne jenes Prinzip gänzlich verloren gehen.

Diese bestehen hauptsächlich darin, daß die Beweisverhandlung gleichsam aus **Einem** Gusse, ohne Unterbrechung, vor denselben Richtern, in lebendiger, unmittelbarer, dramatischer Form vorgeführt werden soll. Das würde verloren gehen, wenn vielleicht nach Verfluß mehrerer Monate eine solche Verhandlung sich mit Abänderungen wiederholen sollte.

Wenn es ein unbedingtes Erforderniß ist, so lauten die Motive zu diesem §., daß jedes Mitglied eines Gerichts von dem Gegenstande einer bestimmten Beurtheilung vollständige Kenntniß erhalten habe, die Rekonstruktion eines Gerichts aus denselben Personen in vielen Fällen aber nicht allein schwierig, sondern ganz unmöglich erscheint; wenn die Güte eines Urtheils dadurch bedingt wird, daß der zu beurtheilende Vorgang den zur Beurtheilung berufenen Personen in lebendiger Erinnerung sei, das menschliche Gedächtniß aber schwach und trügerisch ist, so stellen sich im mündlichen Verfahren Stadien, welche, indem sie eine frühere Verhandlung abschließen, die Grundlage für die folgende Verhandlung abgeben, als durchaus wünschenswerth dar. Ein solches Stadium bildet das Beweisinterlokut, sobald das Gericht, welches dasselbe erließ, daran gebunden bleibt. Ohne dies Gebundensein würde, zumal wenn die Beweisaufnahme eine längere Zeit in Anspruch genommen hat, die Wiederholung der früheren Verhandlungen in sehr häufigen Fällen nicht zu vermeiden sein.

Daher spricht sich auch André in seinem Gutachten (vergleiche die Verhandlung des zweiten deutschen Juristentags I. Bd. S. 59) **für** die Beibehaltung der Bestimmung aus, daß der Richter erster Instanz an sein Beweisdekret gebunden sei. Wenn er dabei bemerkt, daß er **an sich**, d. h. abgesehen von den besondern Hannoverschen Einrichtungen, das Preußische System, wornach der Richter von seinem Beweisdekrete bei der Entscheidung abgehen kann, richtig finde, so schwebte ihm dabei wohl mehr die Einrichtung vor, daß der Richter **vor** Ertheilung der Entscheidung durch ein anderweites Beweisdekret eine Vervollständigung und Verbesserung des Beweises müsse vornehmen können.

Im übrigen bestätigt André, daß die Vorschrift, nach welcher der Richter an sein Beweisdekret gebunden sei, mit dem ganzen Wesen und Geiste des Hannoverschen Prozesses, insbesondere dem Prinzipe der Mündlichkeit und Unmittelbarkeit so eng verknüpft sei, daß man dieselbe nicht entbehren könnte.

Die Vorschriften des §. 218 der Hannoverschen Prozeßordnung haben sich auch nach dem, was Dr. Leonhardt in seiner neuesten Schrift: Das Zivilprozeßverfahren des Königreichs Hannover, Hannover 1861, S. 127 ff. mittheilt *), vorzüglich bewährt. Die Berichte der Vorsitzenden der Ober-

*) Vergl. auch die Bemerkungen über die Hannoversche bürgerliche Prozeß-

gerichte lauten mit wenig Ausnahmen durchaus günstig für diese Einrichtung und nennen sie den glücklichsten Griff, den man in der Gesetzgebung gethan hätte. In einem der Berichte (S. 133 der Leonhardt'schen Schrift) wird sogar ausdrücklich hervorgehoben, daß der Grundsatz, welcher den Richter an das von ihm abgegebene Beweisinterlokut binde, noch keine Unzuträglichkeiten herbeigeführt habe; nur selten habe man ein unnöthiges oder verfehltes Beweisverfahren zu beklagen. Nur eine Stimme herrscht aber darüber, daß der jetzige Zustand des Beweisverfahrens an Sicherheit und Schnelligkeit dem früheren bei weitem vorzuziehen sei, bei welchem die Rechtskraft des Beweisinterlokutes noch in vollem Flore sich befand.

Verschweigen dürfen wir aber nicht, daß der Grundsatz, wonach der Richter bei der Entscheidung an sein Beweisdekret gebunden ist, nicht in allen Deutschen Ländern Eingang gefunden hat. Wir haben eben schon erwähnt, daß z. B. im Königreich Preußen der Richter willkürlich bei der Endscheidung von seinem Beweisinterlokute abgehen darf. Ebenso ist es in Württemberg, wie von Sternenfels in seinem Gutachten, S. 17 der Verhandlungen des zweiten Deutschen Juristentags Bd. I., berichtet; die Aufforderung zum Beweise (ein Beweisurtheil giebt es nicht) ist für die Endentscheidung selbst in der ersten Instanz nicht präjudiziell; das Gericht ist durch sie in seinem Urtheil darüber, von welchen Thatsachen die Entscheidung abhängen soll, nicht gebunden. Der Verfasser des Gutachtens versichert, daß diese Einrichtung allgemein für zweckmäßig erachtet werde.

Auch in dem neuesten Württembergischen Entwurfe einer bürgerlichen Prozeßordnung vom Jahre 1847 ist Art. 608 ausdrücklich bestimmt, daß der Richter selbst befugt sei, bei Fassung des Endurtheils von der dem Beweisbescheide zu Grunde liegenden Ansicht, wenn er sich von deren Unrichtigkeit überzeugt habe, wieder abzugehen und, ohne das Ergebniß des Beweisverfahrens abzuwarten, sofort das Endurtheil zu fällen; oder wenn er eine Aenderung in der Beweisauflage oder in der Festsetzung der Beweispflicht für nöthig erachtet, mit Abbrechung des Beweisverfahrens, einen andern Beweisbescheid zu erlassen. Nach diesem Entwurfe wird die Beweisauflage in Form eines Bescheides ertheilt, gegen welchen aber weder Berufung noch Beschwerde stattfindet; es steht nur den Parteien frei, die Statthaftigkeit der Beweisauflage in dem nämlichen Rechtszuge oder nach erfolgtem Endurtheile, sofern gegen dieses Berufung ergriffen wird, vor dem Oberrichter anzufechten, Art. 605, 607 d. E. Die Badische Prozeßordnung vom 12. April 1851 schreibt zwar ein Beweiserkenntniß vor,

---

Ordnung vom Obergerichts-Vice-Direktor Schmidt in Verden, in der deutschen Gerichtszeitung, 3. Jahrgang 1861, Nr. 87, S. 350.

läßt aber gegen dasselbe kein Rechtsmittel zu und gestattet nur den Parteien — ähnlich wie in Hannover —, die Statthaftigkeit der Beweisauflage in der nämlichen Instanz oder nach erfolgtem Endurtheile in höherer Instanz anzufechten; der Richter ist aber befugt, bei Fassung des Endurtheils von der dem Beweiserkenntnisse zu Grunde liegenden Ansicht wieder abzugehen, um einer andern Ueberzeugung zu folgen, oder, wenn er im Laufe des Beweisverfahrens eine Aenderung in der Beweisauflage für nöthig hält, mit Unterbrechung der weitern Verhandlung auf diese zu erkennen.

Der neueste Bayerische Entwurf einer Prozeßordnung für bürgerliche Streitigkeiten, vom Jahre 1862, bestimmt zwar im Art. 280, letzter Absatz, daß das ergangene Beweisurtheil (welches nach Art. 647, letzter Satz, angefochten werden kann) von dem Gerichte nicht zurückgenommen werden könne, fügt aber gleichwohl sofort hinzu, daß das Gericht befugt sei, bei Entscheidung der Sache nach durchgeführtem Beweise von der dem Beweisurtheile zu Grunde liegenden Ansicht wieder abzugehen, um einer andern Ueberzeugung zu folgen, ausgenommen, wenn auf Eidesleistung erkannt worden sei.

Ich kann mich aber von der Zweckmäßigkeit dieser Vorschriften aus den angeführten Gründen durchaus nicht überzeugen, sondern halte es für das Empfehlenswertheste, dem Richter, wenn er sieht, daß sein Beweisdekret irrig gewesen und die Sache nicht erschöpft, den Nagel nicht auf den Kopf getroffen habe, *vor* Ertheilung der ersten Entscheidung durch ein anderweites verbesserndes Beweisdekret eine Nachhilfe zu gestatten. Es ist dies der am nächsten liegende, natürlichste Weg und daher gewiß auch der zweckmäßigste.

Nachtrag.

Nachdem das vorstehende Gutachten bereits vollendet und zum Abgange vorbereitet worden, kam dem Verfasser die Nr. 21 der Deutschen Gerichtszeitung vom Jahre 1862 zu Gesicht. In diesem Blatte ist der Vortrag des Herrn Gerichtsassessors Dr. *Eccius* mitgetheilt, welchen derselbe über die gleiche, wenn auch etwas anders formulirte Frage unter dem Correferate des Herrn Geh. Obertribunalrathes Dr. Waldeck in der juristischen Gesellschaft zu Berlin am 8. Februar 1862 gehalten hat. Herr Dr. Eccius verneint die Frage, während ich sie bejahe. Dennoch stehen wir mit unseren Ansichten nicht so weit auseinander, wie es beim ersten Anblick scheinen könnte. Die mir gestellte Frage lautet insofern verschieden von der dem Herrn Dr. Eccius gestellten, als bei der meinigen die Worte noch eingeschaltet sind: „*bei der Hauptentscheidung*“, so daß die ganze mir gestellte Frage lautet:

„Soll der erste Richter an ein von ihm erlassenes Beweisinterlokut bei der Hauptentscheidung gebunden sein?"

Die Einschaltung dieser Worte giebt der Frage eine andere Tragweite. Ich stimme mit dem Herrn Berichterstatter dahin überein, daß das System präparatorischer, nicht appellabler Beweisdekrete das vorzüglichere ist. Ich will auch, daß sie für den Richter nicht so streng bindend sein sollen, daß er nicht von einem bereits erlassenen Beweisdekrete wieder abgehen und dasselbe abändern, vervollständigen und verbessern könnte. Nur soll er dies **vor der ersten Entscheidung** thun; er soll, ehe er diese ertheilt, sorgfältig den durch sein Beweisdekret erlangten Beweisstoff sichten und sich zurecht legen und sodann prüfen und beurtheilen, ob nun Alles soweit erörtert sei, um darauf eine die Sache erschöpfende, der Wahrheit entsprechende Entscheidung geben zu können. Einmal muß doch das Beweisverfahren ein Ende haben, und es wird gewiß dieser Abschnitt mit dem Zeitpunkte der Publikation der ersten Entscheidung nicht zu schnell herbeigeführt, wenn man dem Richter die Befugniß ertheilt, sein erstes Beweisdekret in dem Falle zu verbessern, wenn er findet, daß dasselbe irrig ist oder die Sache nicht erschöpft. Bei einem solchen Verfahren werden die Fälle sich äußerst selten ereignen, daß dennoch bei der ersten Entscheidung der Richter in die Lage kommt, das Beweisdekret und den darnach erbrachten Beweis für verfehlt zu erachten und nun verhindert ist, ohne Anregung der Parteien eine weitere Abänderung und Verbesserung des Beweises eintreten zu lassen. Und dann ist dieses Uebel gewiß geringer zu schätzen, als das, welches, wie oben ausführlich nachgewiesen worden, dadurch herbeigeführt wird, wenn dem Richter gestattet wird, auch bei der Hauptentscheidung, wo man einen vollständigen Abschluß der Erörterungen der Thatsachen und des Beweisverfahrens zu erwarten berechtigt ist, von seinem Beweisdekrete willkürlich wieder abzugehen. Dagegen mag es der Appellation der Parteien gegen die Hauptentscheidung überlassen bleiben, offenbare Versehen und Irrthümer bezüglich des Beweisthemas oder der Beweislast zu rügen und auf Abstellung zu dringen. Diese Appellation darf natürlich nicht abgeschnitten werden.

Uebrigens ist zu bedauern, daß aus dem in der angefochtenen Nummer der Deutschen Gerichtszeitung enthaltenen Referate nicht zu erkennen ist, welcher Ansicht Herr Geh. Obertribunalrath Dr. Waldeck sich zugewendet hat, indem sich in den von ihm angeführten Bemerkungen nur Gründe gegen die Nothwendigkeit und Nützlichkeit der Appellabilität des Beweisinterlokutes im Allgemeinen aufgeführt finden.

K.

Gutachten des Ober-Tribunalsraths, Prof. Dr. A. W. Heffter in Berlin.

Die gestellte Frage setzt als bereits angenommen voraus, daß das Beweisverfahren, in der Hauptsache wenigstens, regelmäßig durch ein Beweisinterlokut eingeleitet werden soll, also durch ein Zwischenurtheil, welches entweder eine feste Norm, mindestens für die erste Instanz, unter den Parteien abgiebt und auch den Prozeßleitenden Richter bindet, namentlich in Betreff des Beweisthema und der Beweislast — das ist der Charakter des Deutschen Beweisinterlokutes —, oder welches, wie im Französischen Prozesse, eine den Umständen nach erhebliche oder zweckmäßige Beweisung blos nachgiebt und einleitet oder eröffnet, ohne den Richter in der künftigen Auffassung des Falles und Rechtsverhältnisses zu binden, womit auch das in Deutschen partikulären Prozeßrechten vorkommende Beweisresolut oder Beweisdekret verwandt ist.

Bei Abwägung der Vortheile und Nachtheile, welche das eine und das andere System nach der Natur der Sache und nach der Erfahrung hat, fällt Nachstehendes in's Gewicht.

I. Ein Beweisinterlokut oder, bezeichnender, Beweisurtheil, Beweiserkenntniß, welches, wie es sich im gemeinen Deutschen Prozeß nach dem Vorbilde des Sächsischen herausgebildet hat und nach der herrschenden Ansicht Beweislast und Beweisthema definitiv für einen Streitfall regelt, gewährt an sich den Vortheil, daß es den Streitpunkt fixirt, das Verfahren in zwei scharf gesonderte Abschnitte trennt, sofern es noch eines Beweises bedarf, demnach eine Verbindung der Beweisantretung mit der ersten Verhandlung der Sache unnöthig macht und den Parteien Zeit läßt, das ihnen zu Gebot stehende Beweismaterial innerhalb des durch das Beweisurtheil vorgezeichneten Bereiches vorzubringen. Insofern nun dagegen Rechtsmittel gestattet werden, so kann das keinen andern Sinn haben, als daß die Präjudizialfrage des Beweises — die persönliche und reale Beweislast — definitiv für den obschwebenden Rechtsstreit festgestellt werden soll, so daß jeder Instanzrichter daran gebunden bleibt. In Verbindung mit einer präklusiven angemessenen Beweisfrist legt dieses System die Verhandlung der Sache wesentlich in die erste Instanz, die auch das eigentliche, den Dingen und Personen meist zunächst stehende Forum, und schneidet ein willkürliches Nachbringen von Thatsachen und Beweisen in höherer Instanz ab; giebt höchstens einer Restitution noch Raum, deren Zulassung aber in enge Grenzen eingeschlossen werden kann.

Aber bei aller Schärfe und Folgerichtigkeit dieses Systems sind auch die Nachtheile desselben nicht zu verkennen, übrigens von so Vielen schon bemerkt und dargelegt worden, daß es nur einer kurzen Rekapitulation bedarf. Sie liegen wesentlich in der Schwierigkeit, die abstrakten Sätze der Beweislast auf die Materialien der ersten Prozeßverhandlung in Anwendung zu bringen und dadurch das Rechtsverhältniß, das Ziel des Rechtsstreites nicht zu verrücken; sodann in der gewöhnlichen Folge, daß der Rechtsstreit wiederholt durch die nämlichen Instanzen geschleppt wird; endlich, wegen der zuerst gedachten Schwierigkeit, zumal bei so verwickelten Rechtszuständen, wie sie die moderne Entwickelung der Lebensverhältnisse mit sich bringt, darin, daß dem Instanzrichter durch das rechtskräftig bindende Beweisinterlokut eine Art Zwangsjacke bei der demnächstigen Entscheidung angelegt wird, ein Umstand, wodurch Doktrin und Praxis sowohl der Gerichte als Partikulargesetzgebung in Deutschland schon hin und wieder zur Annahme von mancherlei Modifikationen jener Bindekraft veranlaßt gewesen sind.

II. Nur zum Theil werden die angezeigten Nachtheile vermieden, wenn man das Beweisurtheil, d. h. eine interlokutorische Bestimmung über Beweislast und wegen Einleitung des Beweisverfahrens, blos für den Richter, von dem sie ausgeht, bindend sein läßt, demnach gewissermaßen schon zu einem Theile der definitiven Entscheidung macht und bis dahin keine Anfechtung durch Rechtsmittel gestattet. Vermieden wird dadurch ein frivoles Hinziehen der Sache durch grundlose Anfechtung des Beweisurtheils in zweifellosen Fällen; dagegen erwächst hier der sehr leicht mögliche Nachtheil, daß der interloquirende Richter, wenn er durch unrichtige thatsächliche oder rechtliche Auffassungen in eine falsche Fährte gerathen ist, auf dieser trotz seiner besseren Ueberzeugung verbleiben und die Parteien, selbst bei unverkennbaren Nachtheilen, darin festhalten muß. Die Erfahrung lehrt, wie häufig man sich als Richter bei Abfassung des Endurtheils in der Lage befindet, ein Beweisurtheil als unrichtig oder unvollständig zu erkennen, und doch soll es eine Norm der Instanzentscheidung sein! Welche Unfreiheit des Richteramtes! Und warum sollen die Parteien genöthigt sein, deshalb einen höheren Richter anzurufen, eine neue Instanz herbeizuführen?

Was als Korrektiv von dem Herrn Ober-Gerichtsanwalt Dr. André zu Osnabrück im Gutachten S. 58 der Verhandlungen des zweiten Juristentages Bd. I. angedeutet oder vorgeschlagen ist, scheint die berührten Uebelstände gründlich nicht beseitigen zu können.

Es soll erstlich dem Richter zweiter Instanz gestattet sein, wenn demnächst die Sache nach dem Endurtheil an ihn gelangt, im Falle der Abänderung des Interlokutes die Acten an den Richter erster Instanz zu remittiren, um die Beweise zu instruiren und darüber in erster Instanz nochmals zu erkennen. Diese Methode, dem Unterrichter eine andere Rechtsansicht und selbst andere thatsächliche Gesichtspunkte vorzuschreiben, ist zwar der Prozeßpraxis in Deutschen Ländern nicht ganz unbekannt, widerspricht aber nach meiner Ueberzeugung der Reinheit der Instanzverhältnisse, worauf nachher eingegangen werden soll.

Zweitens soll dem ersten Instanzrichter gestattet sein, schon gegen sein Interlokut noch vor dem Endbescheide die sofortige Berufung auf übereinstimmenden Antrag beider Theile zuzulassen. Allein eine solche Uebereinstimmung wird gewiß nur höchst selten in Aussicht zu nehmen sein, auch möchte der erste Richter schwerlich geneigt sein, nachdem er soeben im Interlokut seine Auffassung des Rechtsverhältnisses dargelegt hat, durch sofortige Zulassung eines Rechtsmittels das Zugeständniß eines Irrthums zu machen.

Es erübrigt nun noch die fakultative Berufung gegen das Beweisinterlokut, wobei aber wieder folgende Bedenken eintreten. Entweder nämlich wird dann durch die höhere Entscheidung der erste Prozeßrichter gebunden, was den obigen Ausstellungen unterliegt, oder es wird, wenn der höhere Richter nicht schon definitiv entscheidet, dem Unterrichter eine andere Rechtsansicht von der Sache aufgenöthigt, oder es wird, wenn der höhere Richter selbst nur interlokutorisch entscheidet, wie in Frankreich grundsätzlich feststeht (wenigstens nach der gangbarsten Praxis), weder der untere noch der höhere Richter bei der Definitivsentenz an das Interlokut für gebunden erachtet!

III. Erfahrungen und Betrachtungen dieser Art haben dem Unterzeichneten schon längst die Ueberzeugung gegeben, daß ein Beweisinterlokut mit bindender Kraft, es sei für alle Instanzen oder nur für eine, ein Institut sei, dessen man sich überhaupt entäußern müsse. Weder das Römische, noch das ältere Deutsche Recht haben bekanntlich solche Zwischenurtheile gekannt, durch welche ein Beweisthema mit der Beweislast festgestellt wurde, sondern nur Beweisurtheile, wodurch eine bestimmte, beantragte Beweisführung, z. B. durch Zeugen, durch Urkunden, zugelassen ward; im Römischen Recht anscheinend ohne Präjudiz für die letzte Entscheidung; im ältern Deutschen Recht insoweit präjudiziell, als über das Recht einer Partei, nicht über die Pflicht derselben zu einem gewissen Beweise entschieden ward. Hieraus ist zunächst der Sächsische Rechtsgebrauch der allgemeinen Beweisauflage über Klagegrund oder Einrede hervorgegangen, darnach ferner der Gebrauch spezieller Beweisartikulationen und Auflagen in andern Deutschen Ländern. Es war das wohl, wie man annehmen darf, ein Nothbehelf, wozu die gräuliche, inhalts- und lichtlose Form der schriftlichen, jedes Maß überschreitenden Parteivorträge Anlaß gab. Es war nöthig, nachdem eine Sache längere Zeit verhandelt worden und dergestalt, wie Friedrich der Große sagte, in Konfusion gerathen war, daß kein vernünftiger Mensch daraus noch klug werden konnte, nun doch einmal durch einen richterlichen Akt Licht in die Sache hineinzutragen und den Parteien zu sagen, was sie, oder doch ihre Rechtsbeistände selbst hätten wissen müssen, nämlich, worauf es doch eigentlich ankomme und was ferner zu geschehen habe. Bei einer einfachen Prozeßform und Verhandlungsweise, bei gehöriger Bildung des Richterstandes und der Advokatur ist ein solches Zwischending durchaus entbehrlich; ja es muß wegen der damit verbundenen Nachtheile beseitigt werden.

Im Allgemeinen wird man über folgende Grundsätze einverstanden sein müssen:

Erstens: volle Selbstständigkeit und Berechtigung jedes Instanzgerichts zur endlichen und ganzen Entscheidung des bei ihm eingeführten Rechtsstreites oder der dahin gediehenen Streitpunkte, versteht sich in den Grenzen der Gesetze.

Zweitens: ausschließliche Verhandlung durch rechtskundige Parteien oder durch Rechtsanwalte in allen Sachen, welche nicht an Einzelrichter zweckmäßig zu verweisen sind.

Drittens: strenge Festhaltung der sogenannten Verhandlungsmethode. Die Parteien oder ihre Anwalte müssen selbst wissen, was sie in der Sache vorzubringen und zu beweisen haben; das Gericht hat dafür nur den gesetzlichen Weg zu eröffnen, das Ungehörige und Unzulässige zurückzuweisen und Ueberflüssiges abzuschneiden.

Dazu genügt ein bloßes Beweisdekret, wie man es auch nennen wolle, ob Resolut, Interlokut, interlokutorisches Urtheil oder wie sonst. Jedenfalls bedarf es dazu einer vollständigen Erörterung der Sache Seitens der Parteien und des Gerichts, wie zu einem Endurtheil, welches als Ziel in's Auge gefaßt werden muß.

Selbstfolge ist, daß mit der ersten vollständigen Sachverhandlung eine spezielle Beweisangabe oder Antretung über die von jeder Partei zu beweisenden Thatsachen cumulirt werden muß. Dies hat bei vorausgesetzter mündlicher Verhandlungsweise zu geschehen:

a. sofern derselben eine schriftliche Vorverhandlung vorausgeht, in den dafür bestimmten Prozeßschriften,
b. wo man sich an einer bloßen Beurkundung der wesentlichen Anträge und Erklärungen der Parteien genügen läßt, in den bis zu der mündlichen Hauptverhandlung und in dieser selbst noch einzubringenden Anträgen.

Es mag auch wohl dem Gericht nachzugeben sein, in verwickelten Sachen, oder wenn sich erst durch die Hauptverhandlung klare Gesichtspunkte herausgestellt haben, den Parteien einen besonderen Rechtstag zur Artikulirung ihrer Beweise zu setzen. Damit aber muß es für die laufende Instanz ein Ende haben und nunmehr die richterliche Beschlußnahme, ob die Beweise zulässig, erheblich seien oder nicht, erfolgen, geeigneten Falles schon das Haupturtheil.

Da nun das Beweisdekret oder Urtheil schon aus der Totalität der Sache nach den bei der künftigen Definitiventscheidung maßgebenden Rechtsanschauungen herauszugreifen ist, so kann auch ohne Beeinträchtigung der Selbstständigkeit und Freiheit des Instanzrichters in Betreff der Definitiventscheidung durch eine höhere Instanz nicht eingegriffen und eine andere Rechtsauffassung nicht aufgedrungen werden. Es wird nur allenfalls ein Rekurs an die höhere Instanz gegen die Zulassung eines gesetzlich verbotenen Beweises, z. B. des Zeugenbeweises, wo dieser unbedingt ausgeschlossen ist, sowie gegen Zulassung absolut unstatthafter Beweismittel, z. B. eines untüchtigen Zeugen, zu gestatten sein. Man wird aber andererseits sich überzeugen müssen, daß dem Instanzrichter nach weiterer Verhandlung der Sache die Befugniß verbleiben muß, von seiner früheren Rechtsanschauung wieder abzugehen und einer anderen Raum zu geben, sei es nun, daß er bereits angetretene, aber zurückgestellte Beweise nachholen läßt, oder daß er die ganze Beweisführung nunmehr bei Seite setzt. Denn die früheren Erwägungen bei dem Beweisdekret konnten ihrer Natur nach blos vorläufige sein; sie konnten in der damaligen Lage der Sache gerechtfertigt sein; die letzte und wichtigste Hauptfunktion des Richteramtes, nämlich die Hauptentscheidung, unterliegt deshalb keiner Beeinträchtigung. Das ist aber auch der einzige Nachtheil der Maxime, nämlich die Nachholung einer zuvor ausgesetzten Beweisung in derselben Instanz, **NB.** einer zuvor schon von der Partei angetretenen Beweisung; denn das muß immer festgehalten werden, keinen Beweis aufzulegen oder zuzulassen, der nicht rechtzeitig angetreten worden. Ebenso wird dem höheren Richter, an den und so weit die Sache nach beendigter erster Instanz devolvirt wird, die Befugniß zustehen, sowohl eine Nachholung der bisher nicht aufgenommenen, wie auch die Aufnahme der etwa neu angetretenen Beweise, welche man doch wohl in den gebührenden Grenzen in einer höheren ordentlichen Instanz zu gestatten haben wird, anzuordnen. Kurz: volle Freiheit und Selbstständigkeit jeder Instanz!

Von einer näheren Ausführung der Einzelheiten des Verfahrens muß hier Abstand genommen werden; es kommt lediglich auf die Prinzipien an. Glücklicherweise sind diese kein blos doktrinelles Hirngespinnst mehr, sondern sie finden sich bereits mehrfach in Deutschen Ländern angenommen und mit Erfolg ausgeführt. So namentlich in der Preußischen Prozeßeinrichtung seit 1833, bezüglich 1846, ohne daß bisher über die hier allein fraglichen Punkte Klagen oder Beschwerden laut geworden sind; ferner in Württemberg seit 1818, weshalb auf das Gutachten des Herrn Ober-Tribunalraths v. Sternenfels Bezug genommen wird (Verhandlungen des zweiten Juristentages I., S. 16), desgleichen in der Badischen Prozeß-Ordnung v. 1832, §. 405, 406. Eben dafür hat sich der neueste ministerielle Entwurf der Prozeß-Ordnung für das Königreich Bayern, Art. 278 flg., entschieden. Endlich stimmt auch damit die Französische Prozeß-Ordnung im Wesentlichen überein; nur wird hier, was aber nicht zu billigen ist, die Appellation gegen ein Beweisinterlokut ganz allgemein zugelassen, wodurch Verzögerungen und Schwierigkeiten über die Bedeutung und Rechtskraft der appellationsgerichtlichen Entscheidung entstehen, gegenüber dem anerkannt geltenden Satz, daß Interlokute den Richter selbst nicht binden.

Ich kann daher die mir vorgelegte Frage, mit Rücksicht auf die obigen Prinzipien und unter Voraussetzung einer denselben entsprechenden Prozedurweise, nur verneinen. Eine allgemeinere Verständigung aber wird überhaupt nur stattfinden können, wenn man erst über die Einrichtung der Prozedur und über die Instanzverhältnisse einig ist, so daß nicht jeder Votant etwa nur an das in seiner Heimath Bestehende denkt.

№ 5.

Gutachten

über

die Gesetzgebungsfrage, betreffend die Beweiswürdigung im Civilprozesse.

L.

Gutachten des Gerichtsassessors Dr. Bornemann zu Berlin.

Von der ständigen Deputation des Deutschen Juristentages zu einer Beantwortung der Frage aufgefordert:

> Soll, was den Beweis in bürgerlichen Streitsachen betrifft, das Urtheil nach freier richterlicher Ueberzeugung, ohne fest bindende Beweisregeln erfolgen?

beehre ich mich, das verlangte Gutachten nachstehend dahin zu erstatten:

Die gestellte Frage ist meiner Ansicht nach grundsätzlich entschieden zu bejahen.

An und für sich ist es schon ganz unausführbar, den Werth der einzelnen Beweismittel, welche in einem Rechtsstreite möglicherweise benutzt werden, von vorn herein fest zu bestimmen. Das wohlüberlegteste und eingehendste System von Beweiswürdigungsregeln muß nothwendigerweise in seiner praktischen Anwendung zahlreiche Unvollkommenheiten und Lücken zeigen, und in vielen Fällen wird, aller Vorausbestimmung des Gesetzes ungeachtet, nichts anderes möglich sein, als das Urtheilen nach verständigem Ermessen. Zudem kann es, wenn das Gesetz beabsichtigt, eine irgendwie zusammenhängende, in sich abgeschlossene Beweistheorie aufzustellen, gar nicht ausbleiben, daß in zahlreichen Fällen der erkennende Richter sich gezwungen sieht, wider seine gewonnene bessere Ueberzeugung zu entscheiden. Es kann dies unter allen Umständen nur beklagt werden. Je mehr aber der Grundsatz der Mündlichkeit auch in dem bürgerlichen Verfahren Wurzel faßt und dasselbe beherrscht, desto häufiger werden die abstrakten Sätze des positiven Rechts mit dem lebendigen Bewußtsein des Richters in Widerspruch treten. Mit einem konsequent durchgeführten mündlichen Verfahren würde ein abgeschlossenes System bindender Beweisregeln in einem unauflöslichen Widerspruche stehen.

Unverkennbar ist auch die moderne Rechtsentwickelung immer mehr der Freigebung des richterlichen Urtheils zugewendet. Schon die gemeinrechtliche Theorie in ihrer gegenwärtigen Gestalt ist, trotz des in ihr vorherrschenden Systems einer fast arithmetischen Berechnung der Beweise, nur noch ein schwacher Nachhall der Anschauungen, welche ihrer Zeit die Doktrin des Mittelalters beherrschten. Einzelne Partikulargesetze haben die schroffsten Grundsätze der gemeinrechtlichen Theorie erheblich gemildert; hin und wieder ist die Gesetzgebung, wie beispielsweise die Preußische in dem Gesetze vom 9. Mai 1855, betreffend die Anfechtung von Rechtshandlungen zahlungsunfähiger Schuldner, bis zur vollständigen Aufhebung aller formalen Beweiswürdigungsregeln gegangen. Alles in Allem betrachtet, kann gegenwärtig, selbst wenn man die Grundsätze des Verfahrens in den Rheinlanden und in der Pfalz ꝛc. außer Betracht lassen will, von einer gleichmäßig geltenden gesetzlichen Beweistheorie durchaus nicht mehr die Rede sein.

Aus alledem ergiebt sich m. E., daß das Gesetz die Frage, was im einzelnen Falle als ein zur Herstellung der Wahrheit geeignetes Mittel anzusehen, und wann der Beweis einer streitigen Behauptung für geführt zu erachten sei, grundsätzlich der freien Beurtheilung des erkennenden Richters überlassen muß.

In dem bürgerlichen Verfahren kann indessen die freie Würdigung der Beweise keineswegen durchaus die gleiche Bedeutung haben, wie im Strafverfahren.

Es ist zunächst klar, daß in dem bürgerlichen Verfahren für den Richter häufig weder eine Veranlassung noch selbst die rechtliche Möglichkeit vorhanden sein wird, die thatsächlichen Grundlagen des Rechtsstreites seiner Beurtheilung zu unterziehen.

Unzweifelhaft kann seine Beurtheilung nur dann eintreten, wenn die Parteien in thatsächlicher Beziehung im Streite sind, und von ihnen zur Herstellung der Wahrheit der Weg einer eigentlichen, objektiven Beweisführung eingeschlagen worden ist.

Insoweit die Parteien in facto einig sind, kann selbstverständlich nur das Sachverhältniß, wie sie es gemeinsam vortragen, die Grundlage der richterlichen Entscheidung bilden. Es kann daher auch niemals die Meinung sein, dem in dem Rechtsstreite selber abgegebenen Geständnisse der Partei seine bindende und formale Wirkung zu entziehen; erst dann, wenn die präjudicirende Erklärung von der Partei widerrufen wäre, und es sich um die Herstellung des Widerrufsgrundes handelte, würde die freie Beurtheilung des Richters wiederum hervortreten.

Ebensowenig kann eine eigentliche richterliche Würdigung eintreten, wenn die Partei in den Fällen, wo das Gesetz es gestattet, zur Eideszuschiebung greift.

So lange der Eid besteht, werden positive Bestimmungen über die Wirkung der Eidesleistung, der Eidesweigerung u. s. w. nothwendig sein. Die Feststellung des Streitpunktes ist hier von dem Gesetze den Parteien selbst überlassen; die Thätigkeit des Richters kann nur darin bestehen, die Rechtsfolgen auszusprechen, welche das Gesetz an die dem Eidesantrage folgenden Parteihandlungen knüpft.

Für zweckmäßig, vielleicht für nothwendig, kann es endlich erachtet werden, wenn das Gesetz die Folgen der Kontumaz des Beklagten positiv regelt. Aus praktischen Gründen empfiehlt sich hier vorzugsweise die Annahme des Eingeständnisses der Klagebehauptungen.

Auch nach einer anderen Richtung hin kann m. E. das bürgerliche Verfahren mit dem Strafprozesse nicht identifizirt werden.

Die Stellung des Civilrichters darf m. E., auch wenn demselben die freie Prüfung der vor ihm geführten Beweise von dem Gesetze eingeräumt wird, niemals diejenige eines Inquirenten werden. Eine auf die Ermittelung der Wahrheit gerichtete positive, eigene Thätigkeit liegt m. E. schlechterdings außerhalb der natürlichen Aufgabe des Civilrichters.

Es versteht sich meiner Ansicht nach freilich von selbst, daß dem Civilrichter hinsichtlich solcher Punkte, in denen der Parteivortrag unklar geblieben ist, ein volles Fragerecht zustehen muß. Ebenso kann das Gesetz ihm unmöglich die Befugniß abschneiden, jederzeit und ohne daß es eines Partei-Antrages bedarf, den gerichtlichen Augenschein einzunehmen und Sachverständige zu hören. Ist die klare Anschauung des Streitgegenstandes, welche zur Urtheilsfällung nothwendig ist, aus den Parteivorträgen nicht gewonnen; kann ein sachgemäßes Urtheil nicht gesprochen werden, ohne die Unterstützung eines technischen Beirathes — und über Beides kann nur der Richter selbst entscheiden — so muß die Ergänzung der mangelnden sinnlichen Vorstellung und der fehlenden technischen Einsicht stets möglich sein. Hierüber hinaus aber muß m. E. jede eigentliche Beweiserhebung, soll die Stellung des Civilrichters nicht eine höchst unklare werden, grundsätzlich an den Parteiantrag gebunden sein. Allerdings würde ich der Ansicht sein, daß die strengen Grundsätze der Eventualmaxime in zweckmäßiger Weise zu mildern seien. Zum Mindesten müßte es den Parteien gestattet sein, bis zum End-Urtheile noch diejenigen Beweise nachzubringen, deren Vorhandensein oder Erheblichkeit sich erst im Laufe des Beweisverfahrens herausgestellt hat, und zum Angriffe oder zur Vertheidigung noch diejenigen neuen Thatsachen zu benutzen, welche sich erst in der Beweisaufnahme ergeben haben. Trägt aber in dieser Hinsicht das Gesetz den Interessen der Parteien in zureichender Weise Rechnung, so muß m. M. nach die freie Beurtheilung des Thatbestandes nach den Parteien dargebotenen Beweismomenten als der allein korrekte und überdies sicherste Weg zur Erkenntniß der Wahrheit angesehen werden.

Mit der vollen Anerkennung des richterlichen Würdigungsrechts ist jedoch m. E. die Aufstellung einzelner positiver Bestimmungen sehr wohl vereinbar. Schwerlich dürfte beispielsweise in der Art, wie die Beweiskraft der verschiedenen kaufmännischen Bücher in dem Deutschen Handelsgesetzbuche geregelt worden ist (cf. Art. 34, 35, 77 ff. 488), eine Gefährdung des richterlichen Beurtheilungsrechtes erblickt werden können.

In jedem Falle jedoch wird die Beweislehre des Civilprozesses eine höchst einfache Gestalt annehmen können. Ohne irgend einen Anspruch auf Vollständigkeit zu machen, möchte ich mir erlauben, einige Punkte hervorzuheben.

Was zunächst den Zeugenbeweis betrifft — der, wie ich annehme, als solcher niemals ausgeschlossen sein darf — so braucht das Gesetz m. E. keineswegs so weit zu gehen, unbedingt jede, auch die voraussichtlich ganz unglaubwürdige Person, zum Zeugnisse zuzulassen. Es kann vielmehr allerdings für gerechtfertigt erachtet werden, wenn das Gesetz in einigen wenigen, besonders hervorstechenden Fällen eine Unfähigkeit zum Zeugnisse ausspricht, oder besser vielleicht dem Probaten ein Recht, die Verwerfung des Zeugen zu beantragen, ertheilt. — Dagegen aber muß das Gesetz m. E. in Beziehung auf die Personen, welche an sich als Zeugen benutzt werden können, den legalen Unterschied zwischen sogenannten klassischen und verdächtigen, nicht vollbeweisenden Zeugen, sowie das Erforderniß mehrerer Zeugen gänzlich aufgeben. Unmöglich kann irgend etwas Positives über die Glaubwürdigkeit der Zeugen und den Werth ihrer Aussagen bestimmt werden. Von unschätzbarem Werthe würde für die Würdigung der Aussage die unmittelbare Vernehmung vor dem erkennenden Richter sein, und es ist jedenfalls die Frage, wie es zu ermöglichen sei, daß die mündliche Vernehmung möglichst zur Regel werde, der höchsten Aufmerksamkeit würdig.

Sachverständige können m. M. nach lediglich als Rathgeber und Gehilfen des Richters angesehen werden. Unzweifelhaft muß das freie Ermessen des Richters sowohl über die Frage, ob es einer solchen Vernehmung bedürfe, als auch über den Beweiswerth des abgegebenen Gutachtens entscheiden.

Zweckmäßig möchte es vielleicht auch erscheinen, wenn die Auswahl der Personen der Sachverständigen — nach Anhörung der Vorschläge der Parteien — lediglich in die Hand des Richters gelegt würde, und den Parteien wider die getroffene Auswahl ein Widerspruchsrecht etwa nur aus denselben Gründen, aus denen eine Perhorrescenz des Richters statthaft ist, eingeräumt würde.

Auch der Urkundenbeweis kann m. E. keine wahre Ausnahme von der freien Beurtheilung bilden, wenn schon vielleicht gerade bei diesem die Aufstellung einzelner leitender Grundsätze nöthig erscheinen kann.

Ohne Zweifel beweisen Urkunden. Das Einzige aber, was sie meiner Meinung nach, und zwar auch einem Dritten gegenüber, und ohne daß hiergegen ein Gegenbeweis recht denkbar ist, wirklich beweisen, ist ganz allein die Thatsache, daß die in der Urkunde enthaltene Erklärung — worin dieselbe nun bestehen möge — von dem Aussteller der Urkunde oder von den mehreren Ausstellern derselben wirklich abgegeben worden ist. In Beziehung auf alle Streitfragen aber, welche bei Gelegenheit eines Urkundenbeweises hervortreten können, kann m. E. von einer eigentlichen Beweiskraft der Urkunde — ich denke hier zunächst nur an Privaturkunden — keine Rede sein; alle diese möglichen Streitfragen müssen meiner Ansicht nach, was den Beweis betrifft, der freien Würdigung des Richters anheimfallen. Diese würde also m. E. — abgesehen von der Prüfung des Beweises der Aechtheit oder der gänzlichen oder theilweisen Unächtheit — beispielsweise eintreten müssen, wenn die Zeit der Errichtung der Urkunde streitig ist, und es hierauf für die Parteirechte ankommt; wenn streitig ist, ob die in der Urkunde niedergelegte Erklärung der wahren Willensmeinung der Kontrahenten entspreche, diese erschöpfend wiedergebe; wenn in Frage steht, ob die Erklärung als der Ausdruck einer ernstlichen und freien Willensbestimmung anzusehen sei u. s. w. Nicht minder müßte die freie Beurtheilung aus allen von den Parteien vorgebrachten Momenten eintreten, wenn es sich darum handelt, ob die in der Urkunde enthaltene Erklärung als ein vollbeweisendes Geständniß der Partei anzusehen sei, sowie endlich, wenn lediglich der reine Zeugnißwerth der Urkunde über das streitige Sachverhältniß in Betracht kommt.

Die Behandlung der öffentlichen Urkunden kann dabei m. E. keine Schwierigkeit machen. Allerdings hat meiner Meinung nach das Gesetz Recht, wenn es den von öffentlichen Beamten innerhalb der ihnen zugewiesenen Amtsbefugnisse und mit Beobachtung der gesetzlichen Vorschriften errichteten Urkunden einen besondern Beweiswerth ausdrücklich beilegt. Dieser letztere kann jedoch, wie mir scheint, nur in zwei Punkten gefunden werden: einmal ist die Aechtheit einer in der gesetzlichen Form vorliegenden Urkunde bis zum Beweise des Gegentheiles anzunehmen; dann aber muß das Attest des öffentlichen Beamten über die vor ihm abgegebenen Erklärungen, sowie auch über seine eigenen Handlungen und Wahrnehmungen bei Aufnahme des Aktes bis zum Beweise der Unrichtigkeit als wahr gelten. Diese gesetzliche Vorschrift kann aber m. E., ähnlich wie bei den sogenannten **praesumtiones juris**, immer nur den Sinn haben, daß in beiden Beziehungen der Beweiswerth der öffentlichen Urkunde nicht durch ein nacktes Bestreiten des Produkten in Frage gestellt wird; sie ist im praktischen Endresultate nur eine Bestimmung über die Beweislast. Offenbar würde es sich nicht rechtfertigen lassen, den Gegenbeweis hier auszuschließen; zulässig muß derselbe jedenfalls auch alsdann bleiben, wenn er selbst recht eigentlich wider die fides des instrumentirenden Beamten gerichtet ist. Ist aber der Gegenbeweis zulässig, so kann m. E. wiederum hier so wenig, wie bei einer anderen im Prozesse streitigen Thatsache, ein besonderes gesetzliches Maß des Gegenbeweises gefordert werden, sofern das Gesetz überhaupt davon ausgeht, daß es unmöglich sei, äußere Erkennungszeichen der Wahrheit aufzustellen. Uebrigens bin ich der Ueberzeugung, daß gerade in diesem Falle die Freigebung des richterlichen Urtheiles am allerwenigsten gefahrbringend sein würde; die natürliche Vermuthung, welche für das ordnungsmäßige Zustandekommen der öffentlichen Urkunde in eminentem Maße streitet, sichert eine sehr sorgfältige Prüfung des Gegenbeweises von vornherein.

Von „Schlüssen" und „natürlichen Vermuthungen," als besonderen Beweismitteln, zu reden, hat im Grunde keinen rechten Sinn mehr, wenn das Gesetz überhaupt davon ausgeht, daß der Richter jedes für den Beweis vorgeführte Moment nach seinem eigenthümlichen Werthe zu würdigen habe. Es versteht sich alsdann von selbst, daß die streitige Thatsache schon dann für erwiesen erachtet werden kann, wenn anderweitige Umstände zur richterlichen Ueberzeugung feststehen, aus denen ein Schluß auf die Wahrheit der ersteren entweder mit zwingender Nothwendigkeit, oder doch mit überwiegender innerer Wahrscheinlichkeit zu ziehen ist. Daß nur bündige Schlußfolgerungen der richterlichen Ueberzeugung zum Grunde gelegt werden können, versteht sich freilich von selbst; jeder Versuch näherer Präzisirung muß aber von vornherein unmöglich erscheinen, da es in Wahrheit Nichts giebt, was nicht unter Umständen für die Beweisführung erheblich sein kann.

Auch bei der freien Beweiswürdigung muß, um diesen Punkt zum Schlusse zu berühren, dem Richter die Befugniß zustehen, in Fällen, wo seine Ueberzeugung nicht vollständig gewonnen ist, einer der Parteien den nothwendigen Eid zuzuerkennen, sofern er in dem Schwure der Partei eine den stattgefundenen Ermittelungen hinzutretende weitere glaubwürdige Bekräftigung der Wahrheit erblickt. Es folgt dies aus der ganzen Stellung des Civilrichters, der in jedem Falle gehalten ist, kategorisch wider eine der Parteien zu entscheiden. Natürlich aber kann nicht davon die Rede sein, dem Richter vorzuschreiben, wann er dieser oder jener Partei einen Eid zuerkennen dürfe oder müsse. Bei einer freien Würdigung der Beweise wird sich ohne Zweifel die Zahl der zuerkannten nothwendigen

Eide allmählig wieder auf ein natürliches Maß beschränken, und zur selteneren, durch besondere Umstände gerechtfertigten Ausnahme werden, während gegenwärtig in zahlreichen Fällen auf den Eid nur um deswillen erkannt wird, weil das Gesetz es also fordert.

M.

Gutachten des Advokats Dr. Bernays zu Mainz.

Nachdem in neuester Zeit Professor Endemann sowohl in seinem Werke, „die Beweislehre“, als in dem Archiv für civilistische Praxis, Bd. 41 u. ff., sich so ausführlich und gründlich über das freie Beweisverfahren ausgesprochen und Hand in Hand mit der Wissenschaft dargethan hat, daß auch im Civilverfahren das Urtheil nach freier richterlicher Ueberzeugung zu erfolgen hat, kann der praktische Jurist, welcher gleicher Ansicht ist, sich kurz fassen, um seine Ansicht zu begründen.

Die Aufgabe des Richters in bürgerlichen Rechtsstreiten und in dem Strafverfahren ist gleichmäßig, auf den Grund der ihm als bewiesen erscheinenden Thatsachen, das Gesetz anzuwenden. Wahre Rechtsprechung beruht auf Wahrheit. Wie der Richter dieselbe erkennen soll, beruht auf seinem subjektiven Erkenntnißvermögen, auf seiner Ueberzeugung. Die Ueberzeugung des Richters hervorzurufen, hängt nicht von den äußeren positiven Vorschriften, sondern von den eigenen Verstandeskräften desselben ab. Mit Recht sagt Endemann: „Das Feststellen der Ueberzeugung ist eine logische Rechnung, die jeder denkende Mensch vorzunehmen berechtigt ist und wirklich vornimmt. Wie vielmehr ist es von dem Richter, der durch die Kenntnisse, die er sich erworben, durch die Garantieen, welche die Staatsregierung vor seiner Anstellung von ihm verlangt, zu erwarten, eine solche logische Rechnung zu machen, um sich eine rechtliche Ueberzeugung zu verschaffen! Diese Ueberzeugung kann er sich aber nur verschaffen, wenn seinem Denken und seinen Schlußfolgerungen keine anderen Grenzen, als die natürlichen, vorgeschrieben sind. Warum soll der Richter auf andere Weise zu seiner Ueberzeugung gelangen müssen, als jeder andere Mensch? Warum soll ihm vorgeschrieben werden, wie er die Logik anwenden soll? Kein Mensch ist bei dem Urtheile über eine Thatsache an eine Regel gebunden, welche ihm vorschreibt, wie er sich überzeugen soll. Warum soll dieses bei dem rechtsgelehrten Richter der Fall sein? Ist doch bei dem schwierigeren

Theile seiner Thätigkeit, bei Anwendung der Gesetze auf den konkreten Fall, keine bestimmte Regel vorgeschrieben, wie er das Gesetz anwenden soll; warum soll er bei Beurtheilung von Thatsachen sich nach Vorschriften richten? In Strafsachen ist man, nach dem Englischen und Französischen Vorbild, auch in den meisten Deutschen Ländern dahin gekommen, dem Richter keine bindenden Beweisregeln vorzuschreiben, nach welchen sein Urtheil erfolgen soll. Man überläßt es seiner Ueberzeugung, die Wahrheit zu erforschen. Warum soll bei bürgerlichen Rechtsstreiten ein anderes Recht gelten? Ist vielleicht der Rechtsstreit, worin es sich um das Leben, die Ehre oder die Freiheit eines Menschen handelt, weniger wichtig, als der, in welchem es sich um einige Gulden oder ein Stückchen Land handelt? Schenkt man der freien Ueberzeugung des Richters in Strafsachen das Vertrauen, ohne bestimmte positive Beweisregeln das materielle Recht zu erkennen, warum soll man dem Civilrichter dasselbe nicht schenken? Mit Recht sagt Hofgerichtsrath Brauer Seite 105 der Verhandlungen des Deutschen Juristentags: „Wie möchte auch eine weise Gesetzgebung dem Richter zumuthen, heute im Strafgerichtssaal auf Grund freier Ueberzeugung zu urtheilen, morgen aber, sobald er die Schwelle des Civilgerichtssaals überschritten hat, seine freie Ueberzeugung der Zwingherrschaft bindender Beweisregeln zu unterwerfen." Erwägt man ferner, daß oft dasjenige Resultat, was in Strafsachen durch freie richterliche Ueberzeugung gewonnen wird, den entschiedensten Einfluß auf das Civilverfahren haben muß, z. B. in dem Falle, wo ein Ehegatte wegen Ehebruch vor dem Strafgericht verurtheilt und auf Grund eines solchen Strafurtheils die Ehescheidung begehrt wird. Der Civilrichter muß dann die Wahrheit, welche auf dem Wege der freien Ueberzeugung gewonnen wurde, seinem richterlichen Urtheile zu Grunde legen, während wenn vor ihm der Ehebruch hätte bewiesen werden sollen, er an bindende Beweisregeln gebunden wäre. Muß also der Civilrichter in bestimmten Fällen das Resultat der freien Ueberzeugung des Strafrichters als Wahrheit annehmen, so darf es ihm nicht untersagt sein, auf gleiche Weise die Wahrheit zu erforschen. Am wenigsten dürfen bindende Beweisregeln für den Richter bestehen, wo derselbe, wie beim öffentlichen mündlichen Verfahren der Fall ist, aus eigener Anschauung die Beweismittel prüft. Wenn der Richter selbst die Zeugen vernimmt, so kann er sich gewiß nicht an den Sätzen, „ein Zeuge, kein Zeuge", oder, „was zwei Zeugen konform deponiren, muß als bewiesen angenommen werden," halten; denn er wird dann häufig wahrnehmen, daß die Aussage eines einzigen unbefangenen, die Thatsache richtig auffassenden Mannes mehr werth ist, als die von einer Reihe von ungebildeten, befangenen Menschen.

Darum darf und soll keine Gesetzgebung bestimmen: in diesem Falle muß der Richter die Thatsache als bewiesen annehmen, in jenem aber nicht. Nicht auf die Zahl der Zeugen kommt es an, um bei dem Richter die Ueberzeugung von der Existenz einer Thatsache hervorzurufen, sondern auf die Qualität der Zeugen. Bei dem mündlichen Verfahren, wo der Richter selbst die Zeugen sieht und hört, wird es ihm leicht werden zu beurtheilen, ob die Aussagen der zu vernehmenden Zeugen sich auf Wahrheit stützen, ob die Zeugen das richtige Auffassungsvermögen haben, um das Wahrgenommene richtig wiederzugeben.

Ebenso muß es dem Richter überlassen bleiben, nicht unbedingt jeden Zeugen als unfähig oder unzulässig zu erklären. Es liegt gewiß kein Sinn darin, dem Richter vorzuschreiben, die Aussage eines Geschwister-Enkels, wenn derselbe auch gegen seinen Geschwister-Enkel deponirt hat, unbedingt keinen Glauben zu schenken. Die Glaubwürdigkeit eines Zeugen muß der freien Ueberzeugung des Richters anheimgestellt sein; denn die Nähe der Verwandtschaft ist noch kein Beweis für Verdächtigung eines Zeugen. Es mag deshalb gut sein, bei dem Zeugen zu fragen, ob und wie er mit den streitenden Parteien verwandt sei und in welchem Verhältniß er zu denselben stehe; aber dem Richter vorzuschreiben, daß wenn der Zeuge in irgend einem verwandtschaftlichen oder dienstlichen Verhältniß steht, derselbe nicht vernommen werden dürfe, widerspricht der menschlichen Vernunft.

Eine andere Frage ist es, ob es nicht zweckmäßig ist, bei einer Reihe von Rechtsgeschäften den Zeugenbeweis ganz auszuschließen oder zu beschränken. Diese Frage zu prüfen liegt nicht in unserer Aufgabe.

Was von dem Zeugenbeweis angegeben, ist auch auf das Gutachten der Sachverständigen anwendbar. Da wo dem Richter die technischen Kenntnisse abgehen, um selbstständig ein Urtheil abzugeben, muß es ihm gestattet sein, von Kunst- und Sachverständigen sich belehren zu lassen; aber auch hier muß es seiner freien Ueberzeugung überlassen bleiben, ob er sich von dem Urtheile der Sachverständigen überzeugen lassen will. Die Gründe des Sachverständigen sollen ihn leiten, wenn er sie geprüft und richtig befunden hat. Das Französische Prozeßrecht sagt in dieser Beziehung mit Recht (Artikel 323 der bürgerlichen Prozeßordnung), die Richter sind nicht gebunden, der Ansicht der Sachverständigen ihr Urtheil zu unterwerfen, wenn ihre Ueberzeugung sich dagegen widersetzt.

Daß bezüglich der Vermuthungen der Richter nicht gebunden werden kann, versteht sich von selbst. Die Vermuthungen müssen ganz der Einsicht und dem Verstande des Richters überlassen bleiben.

Ob man den Eid als Beweismittel zulassen soll? ist eine Frage, die nicht hierher gehört. Aber auch in dieser Beziehung möchten wir dem

Richter es überlassen, nach ausgeschworenem Eide noch die Frage zu prüfen, ob die als wahr beschworene Thatsache eine Wahrheit für ihn sei, oder nicht?

Ich erwähne nur zuletzt des Urkundenbeweises, weil die positive Gesetzgebung Form, Natur und Giltigkeit der Urkunden in der Regel festsetzt. Aber demungeachtet soll auch hier dem Richter keine zu geringe Grenze bezüglich seiner Ueberzeugung festgesetzt sein.

FSC
www.fsc.org
MIX
Papier | Fördert
gute Waldnutzung
FSC® C083411

Kolibri 360 GmbH
Ferdinand-Jühlke-Straße 7
99095 Erfurt, Deutschland
produktsicherheit@kolibri360.de